시민의 정치학

토의 민주주의란 무엇인가

시민의 정치학: 토의 민주주의란 무엇인가

초판 제1쇄 인쇄   2013. 6. 21.
초판 제1쇄 발행   2013. 6. 27.

지은이   시노하라 하지메
옮긴이   최 은 봉
펴낸이   김 경 희
편 집   김 자 경
펴낸곳   (주)지식산업사
          본사 ● 413-832, 경기도 파주시 교하읍 문발리 520-12
               전화 (031) 955-4226~7 팩스 (031)955-4228
          서울사무소 ● 110-040, 서울시 종로구 통의동 35-18
               전화 (02)734-1978 팩스 (02)720-7900
          한글문패   지식산업사
          영문문패   www.jisik.co.kr
          전자우편   jsp@jisik.co.kr
          등록번호   1-363
          등록날짜   1969. 5. 8.

책값은 뒤표지에 있습니다.

이 책을 읽고 저자에게 문의하고자 하는 이는
지식산업사 전자우편으로 연락 바랍니다.

시민의 정치학

토의 민주주의란 무엇인가

시노하라 하지메 지음
최은봉 옮김

지식산업사

서 장

　'구조개혁 없이는 성장도 없다'라는 말이 최근 수년 동안 염불처럼 반복되고 있다. 여기서 개혁해야 하는 구조가 무엇을 말하는지 확실하지는 않지만, 특정 경제·재정정책을 개선한다면 성장시대가 다시 부활하리라 생각하는 것임은 틀림없다.

　하지만 개혁이 실제 구체적으로 진행되고 있지 않은데, 개혁을 하면 성장한다는 발상은 처음부터 그 자체에 문제가 있는 것이 아닐까? 확실히 경제성장의 신화는 2차대전 뒤 사회의 가장 명백한 특징이긴 해도, 더 근본적인 면에서 그러한 시대 자체가 바뀌고 있는 것은 아닐까? 그렇기에 성장을 위한다는 명분으로 재정자금을 지금까지와 같은 방법으로 투자하면 할수록 재정적자는 오히려 누적된

다. 또한 구조개혁이라는 명분으로 구조개혁을 단행한다
면 실업이 확대되고, 고도성장 시대의 목표였던 완전고용
에서 점점 더 멀어지게 된다.

이미 우리는 탈성장사회라는 새로운 시대에 발을 들여
놓았다. 여기서 말하는 성장은 사물의 성장, 즉 물질적
성장을 의미하기 때문에 탈성장사회가 도래하고 있다면,
물질 일변도가 아닌, 탈물질적 가치관이 우세하게 될 것
이다. 그렇다면 그것은 단순히 경제 문제라기보다, 인간
과 사회 전체에 해당하는 문제가 될 수밖에 없을 것이다.

이러한 사회 인식은 정치나 경제의 세계에는 물론이고,
최근 지식 세계에도 차츰 침투하고 있다. 두 가지의 예를
들어보자. 우선 의료 경제학자인 히로이 요시노리広井良典
는 '정상형사회定常型社會'라고 하는 개념을 사용하여, 물질
적인 부의 확대를 대신하는 새로운 목표와 가치를 찾을
필요가 있다고 말한다. 정상형사회는 경제성장을 절대적
인 목표로 하지 않더라도 충분히 풍요로움이 실현되는 사
회로서, 경제적으로는 '제로 성장'사회라고 봐도 좋다. 정
상형사회는 자칫 '변화가 없는 지루한 사회'로 생각될 수
있다. 그러나 그것은 잘못된 생각이다. 그 안에는 당연히
질적인 변화가 내포되어 있어, 지금까지와는 다른 인간적

인 풍요가 실현된다. 히로이는 이처럼 앞으로의 시대를 위해 정상형사회의 비전을 제시하며, 지금까지의 경제성장 지상주의에 반대하는 대립축을 확실히 세울 것을 주장하고 있다. 이러한 주장의 배후에는 환경문제와 인구문제라는 지구사회, 특히 선진 자본주의 국가가 당면하지 않으면 안 되는 상황에 대한 역사적 인식이 있다. 그것은 탈성장사회란 중대한 역사의 분기점에 나타나는 현상이라고 이해하는 입장인 것이다.

또 다른 하나의 예는, 종교학자인 나카자와 신이치中沢新一의 저작인 《사랑과 경제의 로고스愛と経済のロゴス》이다. 이 책은 구석기 시대부터 현재에 이르는 사회관계의 파노라마를 그리고 있다. 증여의 시대에서 자본주의적인 상품교환의 시대로 변화한 뒤, 인간사회는 한층 더 사랑의 교환인 순수 증여의 시대로 이동하고 있다는 것이다. 또한 시가 나오야志賀直哉는 《소승의 신小僧の神様》에서 가난 때문에 초밥도 먹을 수 없는 소승에게 익명으로 초밥을 베푼(순수 증여) 젊은 귀족원 의원이 상품교환의 시대이기 때문에 심리적인 갈등을 느끼는 이야기를 세밀하게 풀어내며, 나카자와의 논리에 대하여 경제 지배 아래 황폐해진 현대사회를 순수 증여와 일반 증여의 두 가지 원리와 연

결하여 수정하지 않으면 안 된다고 주장한다. 자본주의적인 물질적 부의 증식에는 그 한계가 있으나, 사랑에 대한 응답, 또는 인간과 인간, 인간과 자연 사이에 만들어지는 증여적인 커뮤니케이션은 한계가 없는 증식을 낳는다. 나카자와는 이것을 무에서 유가 창조되는 것과 같은 것으로서, 현실에서 부를 만들어 내는 능력을 가진 현대의 코르누코피아, 곧 '풍요의 뿔'이라고 부른다. 《사랑과 경제의 로고스》라는 것은 로고스의 본래의 정의에 입각해서 말하자면, 사랑과 경제를 근본적인 부분으로부터 서로 교직시키는 것을 의미한다. 그가 말한 대로라면 자본주의와 시장주의가 오랜 기간 동안 발전을 거친 뒤, 다시 한 번 커다란 전환점을 맞이하고 있다고 생각해야 할 것이다.

최근, 지역 통화의 하나로서 에코머니라는 것이 가끔 거론되고 있다. 생각하기에 따라서 이것은 직접 대가를 요구하지 않는 사람들이 상대방과 사회에 대한 행위로 자신들의 호의를 유형의 통화의 형태로 표현하여 지속시키려는 시도이다. 다시 말해 인간의 증여 행위를 시장 경제에 견주어 결재의 수단으로서 삼고자 하는 시도라고 생각할 수도 있다. 이것은 물질적 대가를 요구하지 않는 '고귀한 증여'의 형태가 많이 이루어지게 된 상황을 보여주는 하나의 현상이며, 사랑과 경제의 로고스가 구체적 형태를 띠는 것이라고도 말할 수 있다.

이러한 사회 변용이 이루어지고 있는 현재를 시대의 커다란 변환기라고 생각하는 경향은 일본만의 특유한 현상은 아니다. 서구 사회학자들의 표현을 빌리면, 1960년대 말부터 학계에서는 근대의 변용을 나타내는 개념들이 범람해왔다. '또 하나의 근대'(Beck, 1986/Rucht, 1999), '제2의 근대'(Scheyli, 1986/Beck, 1993), '자성적 근대화'(Beck/Giddens/Rucht, 1994), '새로운 근대'(Beck, 1992), '광대해진 자유주의 근대'(Wagner, 1994), '슈퍼 근대'(Auger, 1995/Jacobsen, 2001), '대붕괴'(Fukuyama, 1999), '유동적 근대'(Bowman, 2000) 등이 그러하다.

이러한 개념의 목록을 보면, 1980년대 후반부터 새로운 표현의 모색이 시작되었음을 알 수 있다. 이 현상에 대해서 다양한 표현 방법을 사용하여 다각적으로 설명하려고 했던 사회학자로는 독일의 울리히 벡Ulrich Beck을 들 수 있다. 이 책에서는 벡의 '제2의 근대'의 개념을 차용하려 한다. 《근대의 사회학》이라는 책을 쓴 피터 와그너Peter Wagner와 같이, 그는 19세기를 '제한적인 자유주의 근대', 20세기 초부터 1970년대 초까지를 '조직화된 근대', 그 이후를 '확대된 자유주의 근대'로 분류한다. 벡이 말하는 '제2의 근대'에 해당하는 현대사회를 '제3의 근대'와 상응시켜 생각하는 학자도 있다. 이러한 용어들을 통해서 1970년대 즈음부터 근대의 변용이 시작되었고, 그것이 새로운 개념에 의해 인식되기 시작했다는 점이 잘 드러난다.

이렇게 생각한다면, 최근 계속되고 있는 사회 변용은 단지 세기 전환기의 현상이 아니라, 기나긴 시간에 걸쳐 인간이 형성해온 근대의 현상과 구조들이 밑바닥부터 변화하려 하고 있다고 간주할 수 있을 것이다. 그렇다면, 이른바 서구의 근대 구조는 무엇이며, 그것은 언제부터 발생하였으며, 어떻게 전개해온 것인지를 알지 못하는 한, 곧 역사사회학적 시각에 서서 파악하지 않는 이상, 이러한 현상을 충분히 이해하는 것은 어려울 것이다. 또한, 거기에서 등장하는 새로운 사회의 상, 나아가서는 과거와 다른 정치적 형태도 이러한 긴 안목을 가짐으로써 비로소 인식할 수 있게 될 것이다.

이 책에서는 이러한 긴 역사의 연장선 위에서, 우리들 시민이 만들고자 하는 사회와 정치가 어떠한 형태를 취할 것인가 또는 취하고 있는가에 초점을 맞추면서 분석을 진행해 가고자 한다.

차 례

〈표, 그림 목차〉

제1장
근대사회는 어떻게 변화하고 있는가

1. 근대의 흐름

여기서 말하는 근대라고 하는 것은 16세기 이후 서구에서 발달한 사회의 근대이며, 서구에서 탄생한 근대는 다른 사회에 침투하여 그 사회를 변모시켰다. 일본 사회도 메이지明治 유신 이후 그 영향을 크게 받아 오늘에 이르고 있다. 일본은 서구 근대의 충격을 받아들이는 데서 가장 성공한 사례로 일컬어지고 있지만, 일본 근대는 기존의 그 역사와 문화의 영향으로 서구 근대와는 다른 모습이 되었다.

서구 근대를 구성하는 여러 요소는 과학을 비롯하여

강한 침투력을 가진 것이기 때문에 크건 작건 토착사회는 어쩔 수 없이 변용하게 된다. 이러한 서구 근대의 여러 원리에 기본적으로 대립하고 있는 것이 현재에는 이른바 이슬람 원리주의가 아닌가 생각된다. 월러스타인Immanuel Wallerstein이 《세계체제론》에서 설명하는 바와 같이 16세기 이후 자본주의는 전 세계를 시장의 지배 아래 두었고, 서구적 근대화와 무관한 세계는 거의 존재하지 않게 되었다. 하지만 이러한 강력한 침투력을 가진 서구 근대 그 자체가 현재 서서히 변용해 가고 있는 것은 아닌지 생각하게 된다.

이 변용을 이해하기 위해서는 서구 근대의 구조적인 특징을 우선 명확히 하지 않으면 안 되지만, 그에 앞서 근대 전체의 지도를 머릿속에 넣어 둘 필요가 있다.

근대는 말할 것도 없이 그에 앞선 중세에서 태어난 것이다. 서구 중세는 대략 5세기에서 15세기까지로, 그 후반인 10세기에서 15세기 사이가 후기 중세로 불린다. 중세 후기를 거치면서 근대는 준비되었다. 우리들에게 이국적이며 모던한 감각을 가지게 하는 유럽의 도시는 12세기 경부터 라인강을 둘러싸고 형성되었다. 그러한 의미에서 중세가 반드시 암흑 시대였다고는 할 수 없다.

그리고 16세기경부터 르네상스의 발흥, 근대적 시장의 확대, 종교개혁 등으로 상징되는 초기 근대(근세)가 시작되어 이윽고 과학혁명, 근대국가의 발달, 근대산업의 성립, 시민 혁명을 거쳐 18세기 중엽부터 본격적인 근대가 시작되었다. 이것이 '제1의 근대'의 시작이며 근대사회의 구조적인 특징은 이 단계에 확립된다.

이 '제1의 근대'도 와그너Peter Wagner가 말한 바와 같이 19, 20세기와는 다르게 그 시대의 구조적 요소의 형태가 발전하고 변화하였다. 경제 현상에 한정해서 보아도 포드주의, 케인즈주의, 계획경제 등에서 볼 수 있듯이 조직화가 진행되는 등 예전의 자유방임주의와는 거리가 훨씬 멀어지게 되었다. 그리고 제2차 대전 후 선진자본주의 사회는 이른바 '황금 시대'를 맞이하게 되었다. 하지만 이렇게 근대사회가 무르익는 가운데 그 성공의 결과로서 각종 모순과 위험이 발생하여 '제1의 근대'는 크게 흔들리게 되었다. 그리고 그러한 모순과 위험에 대한 경고로서 각종 '신사회 운동'이라고 하는 현상이 등장하고 '제2의 근대'로 전환해 가는 징후가 나타났다. 그러면 우선 '제1의 근대'가 어떻게 발생했는지에 대해 살펴보도록 하겠다.

2. 무엇이 근대를 준비하였는가

근대는 전통사회로부터 만들어진 것이기 때문에 근대가 새로운 시작을 맞이하기 위해서는 우선 전통사회의 세계관이나 생활 관습을 근본부터 변혁하지 않으면 안 될 것이다. 이 점을 명확히 하기 위해서 여기서는 시간, 공간, 교환의 세 가지 문제에 관한 사람들의 사고방식의 측면에서, 중세 후기부터 사회의 기본적 전제가 된 이러한 문제가 어떻게 변화하였는가를 그려보고자 한다. 이러한 변화는 하나의 사건에 따라 표출되는 것이 아니라 더 장기간에 걸쳐서 일어나는 것이다. 따라서 한 눈에 보이는 형태로 일어나지 않기 때문에 설명하기가 그다지 쉽지 않지만, 10세기부터 15세기 사이에 이러한 변화가 조용히 진행되었다.

시간 혁명

전통사회에서는 아침이 되면 태양신이 밤의 신을 쫓아내고, 저녁이 되면 밤의 신이 태양신을 쫓아내듯이 시간은 반복적이었다. 이러한 반복적인 시간은 가역적可逆的이

며, 동시에 질적인 시간이어서 수량으로서 측량될 수 있
는 추상적인 시간이 아니다. 물시계와 같이 시간을 수량
으로 재게 되면 고대 그리스 시대와 같이 기하학적인 시
간이 되긴 한다. 하지만 이들에게 시간이 가역적이었다는
점에서는 변함이 없었다.

이에 대해 그리스도교 내지는 헤브라이즘적 시간이 되
면 '창조'와 '시작과 끝'이라고 하는 사고에서 드러나는 바
와 같이, 시간은 불가역不可逆이 된다(真木悠介의 《時間の比較
社会学》 참고). 시간은 빙글빙글 순환하는 것이 아니라 유
한직선적인 곧, 선線으로서의 형태를 가지게 되었으며 수
량으로 측정하기 위한 것이 아니게 되었다. 시간은 본래
원시공동체의 시간과 같이 질적인 것이었지만, 신에게 기
도하고 수도원 생활을 규율 있게 유지하기 위해서 시간을
잴 필요가 생겨, 천체 관측을 한다든지 톱니바퀴 시계가
등장하게 되었다. 신을 향한 수행을 시간 맞추어 행해야
만 했기 때문이다. 따라서 카톨릭의 대시계와 같은 기계
시계가 만들어지게 되었다. 이렇게 하여 '교회의 시간'은
교회의 종으로 전달되고 그런 시간은 '세속의 시계'로서도
통용되게 되었다.

그러나 이러한 '교회의 시간'은 종말관에 나타나는 바와

같은 의미의 '직선적 시간'을 뜻하지는 않았다. 시간이 말 그대로 직선적 시간이 되기 위해서는 한층 추상화 되지 않으면 안 된다. 시간이 균일해지고, 1시간을 60분, 1분을 60초로 분할하게 되어야 비로소 '직선적 시간'이 된다. 구체적으로 말하면 '교회의 시간'이 도시 생활에서 시장이 열리는 것과 재판 집회의 개시 등을 알리는 기능을 하다가 '상인의 시간'이 되면서 도시의 대 시계가 중요한 구실을 하는 시대가 된다. 앞서 말한 1시간을 60분으로 나누게 된 것은 14세기 중반의 일이다. 이렇게 노동 시간을 측정하고, 계약 기한을 결정하고, 이자를 지불하는 등의 자본주의적 행위가 처음으로 가능하게 되면서 시간은 물리학의 대상이 되었다. 이리하여 근대의 시간은 불가역적이 됨과 동시에 균질적이 되었다.

여기서 주의해야 하는 것은 균질적 추상적 시간이 지배적이 된 근대사회에도 '환원還元적 시간' 나아가 '반복적 시간'이 존재하고 있다는 것이다. 그 예로 일본 등에서는 근대적 사회 조직 가운데서도 망년회 및 신년회가 있어서 '환원적 시간'을 기대하고, 분초를 다투며 일을 한 뒤에 느긋하게 목욕을 하고 맥주를 한 잔하는 등, 균질적 시간에서 벗어나 예스러운 방식으로 시간을 즐기는 경우도 많다. 산책을 하며 우주론적 시간을 즐기는 것도 균질적인 시간의 따분함을 보완하는 것으로서 환영받는다. 이와 같이 시간에 대해서도 중첩성을 생각하는 것이 필요하다. 하지만, 근대는 균질적이고 추상적인 시간이 지배한다는 점에 특징이 있고, 이 같은 시간 혁명이 없었다면 과학 그 자체도 성립할 수가 없게 된다.

공간 혁명

시간의 균질화와 같은 것을 공간에 대해서도 말할 수 있다. 전통사회에서는 거리는 피트feet에 의해서 재어졌는데, 피트는 인간이 걷는 보폭이며, 1라스트가 1마일이다. 라스트는 휴식을 의미하는 것으로 인간이 계속 걷다가 잠시 쉬는, 그 쉼과 쉼의 사이가 1마일로 여겨졌다. 하지만 이것으로는 걷는 사람의 신체, 연령, 성별 등에 따라 차이가 발생되기 때문에 상인의 시대, 곧 도시의 시대에는 절대적으로 부적합한 것이었다. 이에 따라 공간도 균질화되지 않으면 안 되게 되었다.

이 공간 혁명은 십자군 원정과 한자 동맹Hanseatic League의 성립으로 공간이 확대되고, 정확한 지도가 필요하게 됨에 따른 것이라 한다. 무엇보다도 공상의 영역을 벗어난 근대적인 지도가 만들어지는 것은 1436년으로서 안드레아 방코가 위도와 경도를 명시한 지도를 작성하기까지 기다려야만 했다.

도시가 확산됨에 따라 물건의 크기를 측량하는 자가 중요성을 가지게 되었고, 자의 크기를 정하는 것이 필수적이 되었다. 무게도 마찬가지였다. 곧, 도량형 제도의 균질화가 이루어지게 되었다.

중세 후기에는 도시가 발달하였다. 도시는 지금까지 자연에 둘러싸인 농촌과 다르게 인간이 지배하고 디자인하는 공간인 반면 자연은 당시의 인간이 지배할 수 있는 공간이 아니었고, 밤에는 짐승이 현관 앞을 배회하는 무서운 공간이었다. 도시는 인간에 의해 둘러싸인 인공의 공간이었으며, 인간에 의한 공간 지배의 극단이었다. 다만, 당시의 도시는 무질서하고, 비위생적인 장소였으며, 남성은 단신單身으로 생활하는 경우가 많았다. 농촌의 여성을 불러옴으로써 도시에서 남녀의 비율이 대등하게 된 것은 중세 말에 이르러서이다.

지금까지 공간은 질적인 것으로서 신과 관련이 있는 성지, 숲, 묘지 등은 특별한 장소로 여겨져 성소聖所와 같은 불가침의 피난처의 구실도 하였다. 죄를 지은 자도

이 공간에 있는 동안에는 당국의 추적을 면하였지만, 한 발 밖으로 나가면 법에 의해 처리되었다. 일본에서도 신사神社나 절의 녹지가 보호되고, 그 유적지는 매매의 대상이 되지 않는 것으로 여겨지는데, 이것은 예로부터의 관습일 것이다. 이런 공간도 중세 말에는 매우 한정적인 것이 되어 근대국가의 통치제도가 갖추어짐에 따라 폐지되어 갔다.

이렇듯 공간에 관한 균질화와 인간의 지배는 근대의 발전에 공헌하였지만, 시간의 경우와 마찬가지로 공간에 대해서도 중첩성에 유의하지 않으면 안 된다. 성소로서의 숲이 남아 있는 것은 제쳐두고서라도, 대기업조차도 여전히 지진제地鎭祭를 지내고, 풍수지리와 같은 것에 계속해서 관심을 가지는 사람들도 많다. 인간이 자연을 지배를 하면서도 여전히 지금도 자연이나 동물과의 공생을 기원하는 움직임 또한 강화되고 있다.

교환 혁명

프랑스의 민속학자 모스Marce Mauss의 증여론에 따르면, 인간사회의 역사에는 지금까지 말한 바와 같이 현물 교환과 화폐 교환의 분류가 있었던 것이 아니라, 증여를 기축으로 한 사회와 경제 계산을 중심으로 한 사회가 있었다. 그런데 모스는 사회주의자였기 때문에 자본주의 사회와 같은 경제 계산을 바탕으로 한 사회가 아니라 그 이전 사회에서 지배적이었던 증여에서 보이는 심성을 회복하여 '고귀한 증여'로 되돌아 갈 것을 기대했다. 그리고 그것이야말로 전쟁이 아니라 평화를 가지고 오는 길이라고 생각했다.

전통사회에서 근대사회로 전환은 인간관계, 사회관계의 형태로 보자면 증여사회에서 상품교환의 사회로의 전환이었다. 증여는 변제의 의무를 지는 것과 변제의 필요가 없는 것으로 나누어서 생각해 볼 수 있는데 원칙적으로는 감사 등의 정신적 변제의 의무와 그에 대한 기대가 전제가 된 경우가 많았기 때문에 일반적으로는 증여 '교환'이라고 해야 할 것이다. 물론 변제라고는 해도 이는 물건을 받을 때 바로 실행하는 것이 아니라 대개 장시간 또는 간접적으로 이루어진다.

그리고 이러한 증여 교환이 지배적이었던 시대로부터 시장의 발달을 기반으로 상품교환과 계약이 지배적이 됨으로써 근대사회의 준비가 된 것은 중세 후기였다. 물론 중세 이전에도 시장은 있었지만, 사회의 지배적 원리가 아니었다. 근대에도 증여의 관행은 광범위하게 남아 있지만, 그것이 사회의 지배적 위치에서 후퇴하였다.

증여에는 사람에 대한 증여와 신에 대한 증여가 있는데, 사람에 대한 증여는 답례가 무한순환하게 되어 비효율적이 되기 쉽다. 그러한 의미에서 상품교환은 1회만으로 결재가 끝나기 때문에 효율적이다. 이러한 상품교환에 근거한 근대사회는 시장의 발달에 의해서 가능하게 되었고, 그것은 매우 합리적인 것이었다.

이에 견주어 신에 대한 증여는 천국에서 구원을 받는 것으로 현세적인 답례의 의무가 없기 때문에 증여에 동반한 증여 교환의 무한순환의 원을 끊을 수가 있다. 또한 재산을 교회에 기증함으로써 고인의 재산을 묘에 매장하는 낭비를 없애고, 현세에 살릴 수 있다. 그러한 피안彼岸을 매개로 한 증여 관계로의 전환은 서구에서는 11세기경부터 널리 발견된다. 그 후 급속도로 발달하는 도시의 시장이 이러한 교회의 기능을 대체함으로써 더 적극적인 상품교환이 이루어지게 되었다.

하지만 시간 혁명, 공간 혁명의 경우와 마찬가지로 상품교환의 시대가 되었어도 증여 관계, 증여 교환 관계는 없어지지 않았다. 탄생과 결혼, 장례뿐만 아니라 증여는 일상적으로 이루어져 이것이 인간생활에서 필요한 윤활유가 되고 있는 것은 부정할 수 없다. 더욱이 현대에는 크리스마스 상술과 같이 증여는 대부분 자본에 의해 상품화, 시장화되고 있다. 물건에 대한 답례를 기대하지 않는 증여는 정신적 풍요로움을 증식시켜주는 것으로서 계승되고 있다. 지금 시대가 변모하는 이때에 '고귀한 증여' 또는 '순수 증여'에 대한 기대와 실천이 널리 다시 언급되고 있는 것은 결코 우연이 아니다.

3. 근대의 구조

근대의 기본적 구성요소가 무엇인지에 대한 논의는 근대사회론의 수만큼 무수하게 많지만, 여기서는 기든스 Anthony Giddens의 '근대성의 제도'를 기반으로 한 새로운 분석틀을 사용하고자 한다. 이 분석틀은 자본주의 또는 경제구조에 대한 단순한 환원론에서 벗어나, 근대를 복수의 요소의 결합체로 간주한다. 그 요소로서 자본주의 –산업주의라고 하는 이른바 경제축과 근대국가-개인주의라고 하는 사회축을 결합하여 그 각 요소에 공통된 에토

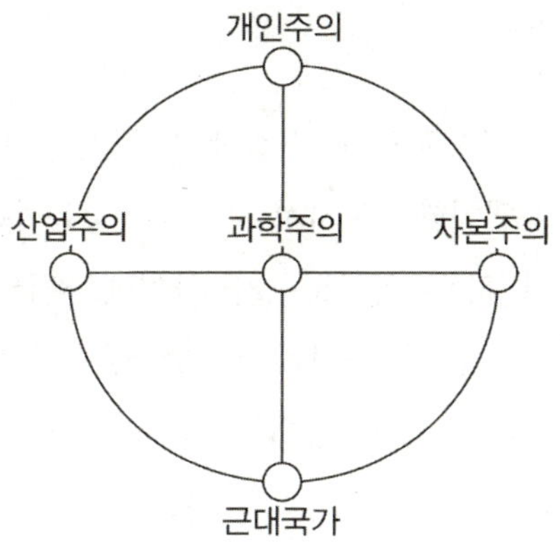

[그림 1] 근대사회의 다섯 가지 축

스로서 과학주의를 설정하였다. 서구 근대사회가 다른 사회와 근본적으로 다른 점은 그러한 과학주의이며, 그것이 서구 근대의 지배력을 결정하였다고 생각되기 때문이다. 그 구도는 위의 [그림 1]에 제시된다. 이 그림을 바탕으로 설명해 가고자 한다. 이 요소들은 초기 근대(16세기~18세기 중엽)에 서서히 형성된 것인데 그 점에 대해서도 간단히 다루도록 한다.

(1) 자본주의

　자본주의는 상품교환과 시장에서 경쟁에 따라 이윤을 확대하는 시스템이다. 여기서 자본을 소유하는 사람들과 자산을 가지지 않는 임금노동자 사이에 계급시스템이 생겨난다. 근대는 16세기에 시작되었다고 말하는데, 이는 대항해大航海 시대가 시작됨과 동시에 시장이 폴란드에서 대서양을 돌아 미국 대륙까지 확대되었고, 이로 말미암아 시장에 질적인 변화가 일어났기 때문이다. 이른바 세계시스템의 성립이다. 이러한 자본주의는 뒤에 다룰 산업주의와 연결됨으로써 활력을 증대시키고, 인간사회에 물질적 풍요를 가지고 왔다. 근대사회가 성장 철학을 내세우게 된 것은 이 경제 시스템과 밀접한 관계가 있다.

　자본주의는 처음에는 '보이지 않는 신'이 조정하는 질서라고 생각되었지만, 결국 그것은 이윤 추구를 자기목적으로 하는 것으로 변화하고, 나아가 물건의 생산과는 별개로 금융이 독주하게 됨으로써 이른바 버블의 시대가 도래하게 되었다.

　자본주의에 내재된 약육강식의 원리는 일찍이 노동의 대립을 낳았고, 19세기 후반부터 노동 운동이 발생하게 되었다. 더욱이 19세기 자본주의는 먹느냐 먹히느냐의 제로섬의 색채가 강했다. 그 때문에 제1차 세계대전 전후로 계급 대립이 격화되었고, 세계대전 후에는 각국에서 혁명 운동이 번창하였다. 러시아 혁명과 코민테른의 활약은 당시 자본주의의 존재 가치가 제로에 가까울 정도로 떨어졌기 때문에 발생한 것이다. 그러나 이러한 자본주의에 대한 당시의 부정적인 평가는 자본주의, 시장주의가 흔들리지 않는 정통성을 가지고 있는 현재에는 상상하기 힘든 것이다.

이렇게 땅에 떨어진 자본주의가 제2차 세계대전 후 불사조와 같이 소생한 것은 첫째, 포드주의에 의한 생산성 확대로 플러스섬적인 상황이 도래한 것에 따른 결과이다. 즉, 증가한 재화를 불평등하기는 하지만 노동자에게도 배분할 수 있게 된 것이다. 둘째, 케인즈주의적인 재정 지출로 공황의 쇼크를 축소하여 완전고용에 가까운 상태를 만든 것도 자본주의의 복권復權에 이바지한 중요한 요인이었다. 여기에 복지국가의 시책이 더하여 1950년대와 60년대 이른바 '황금 시대'가 찾아오게 되었다.

그러나 자원의 낭비와 지구의 오염이라는 예기치 못한 현상이 발생하는 한편 자본주의에 내재된 약육강식과 빈

부 대립문제가 글로벌리제이션이 진행됨에 따라 지구 차
원에서 나타나 19세기말 노동 대립의 국제판이 남북문제
로서 등장하게 되었다.

(2) 산업주의

산업주의는 자본주의와 결합됨으로써 큰 힘을 발휘하지
만, 자본주의와는 별개의 것이다. 동독이 포드주의적 인
간사회주의라고 불렸던 것과 같이 사회주의 국가도 그 나
름의 산업국가였다. 사회주의 붕괴 뒤에 남겨진 것이 산
업주의의 부정적 유산인 산업공해였다는 기억이 새롭게
떠오른다.

산업주의의 맹아인 공장제 수공업manufacture의 성립
등에서 나타나듯이 초기근대에 시작되어 산업혁명의 진행
에 따라 그 시스템이 확립된다. 무생물적 동력원과 기계
를 중심으로 생산적인 조직이 만들어졌고, 이것은 대량생
산을 가능하게 할 뿐 아니라, 운송, 커뮤니케이션, 가정생
활에도 큰 영향을 미쳤다. IC칩에 의해서 상징되는 정보
화사회도 이 산업주의의 발생의 연장선 위에 있으며, 이
러한 의미에서 산업혁명은 미래에까지 영향을 미치는 무

한의 과정을 걷고 있다고 생각된다.

여기서 알 수 있는 바와 같이 산업혁명도 19세기와 20세기에 다른 양상을 보여주고 있다. 20세기를 상징하는 것은 포드주의였다. 이는 20세기 초반의 포드 자동차 회사에서 유래한 것이며, 부품의 규격화, 생산 과정의 전문화, 컨베이어 시스템 등으로 나타나는 합리적 경영방식을 말한다. 이에 따라 비약적인 대량생산이 가능하게 되었으며, 앞서 말한 바와 같이 자본주의의 구원자가 되었다. 새롭게 등장한 사회주의 국가가 이 혜택을 받으려고 한 것은 당연한 것이었으며 향후에도 인류는 이 산업주의를 피해갈 수 없을 것이다.

산업주의는 인간사회의 유동화, 도시화를 급속히 발전시켰다. 농민, 어민 등의 제1차 산업 인구는 산업화가 진행됨에 따라 급속히 감소하였고, 이와 동시에 농촌의 기존 인간의 유대도 없어져 자연에서 유리된 익명의 관계성이 지배하는 도시에 대한 동경이 커지게 되었다. 이러한 의미에서 산업주의는 단순히 기계에 따라 상징되는 물적인 현상이 아니라 명백한 사회 현상이라고 할 수 있다.

이른바 '황금 시대'도 산업혁명의 진전 없이는 생각할 수 없는 것이고, 이에 따라 발생하게 되는 엄청난 도시공

해도 그것과 밀접한 관계에 있다. 공해 등에 대한 반대
운동에서 사회변혁의 조짐이 나타났듯이 산업주의의 발전
없이는 근대의 변용도 생각할 수 없는 것이다.

(3) 근대국가

근대는 중세의 세계와 다르게 국가 시스템에 따라서
구성된다는 점에 특색이 있다. 자본주의와 산업주의는 국
가의 영역 안에서 발전했고, 국가가 그 영역의 권력을 독
점하고 있었기 때문에 발전은 원만하게 진행되었다. 자본
주의와 산업주의는 본래 특정 영역에 한정된 것은 아니었
으나, 자본주의 사회가 하나의 지역적인 통합을 이루었던
것은 근대 국민국가가 존재하고 있었기 때문이다. 사실상
근대국가는 자본주의나 산업주의와는 별개로 분석이 되어
야 할 것이다.

국제사회가 독립된 주권 국가로 구성된다고 하는 국가
시스템은 17세기 초부터 계속된 30년 전쟁이 끝나고,
1648년에 체결된 베스트팔렌Westfalen 조약에 따라서 만
들어졌지만, 그 당시 국가는 중앙 기구의 형성을 의미하
는 것에 지나지 않았다. 그 후 영국, 프랑스 등의 시민혁

명을 거쳐 국민의 탄생과 함께 국민국가가 수립되게 된다. 국가 역시 초기 근대에 시작되어 근대에 이르러 하나의 완성체가 되어 온 것이다.

근대 국민국가는 국민 사이에 아이덴티티를 만들어 내셔널리즘이 형성되는데, 여기서 교육이 중요한 구실을 한다. 국가는 역내의 권력을 독점하는 특색을 가지고 있어 관리와 감시의 체제를 만들고 이로 말미암아 국민 사이에 획일화가 진행된다. 이것이 푸코Michel Foucault가 말하는 '감시하는 권력'이다. 이러한 상태가 지속되면 사람들은 어느 순간 강제되지 않고서도 동일한 행동을 하게 된다. 그와 동시에 국민국가에서는 인권과 참정권이 보장됨으로써 민주화로의 움직임도 활발하게 되는데, 그러한 의미에서도 국민으로서의 아이덴티티가 강화된다.

20세기가 가까워짐에 따라 국가는 행정국가, 복지국가로 발전하였고, 위로부터 복지가 진행되었다. 다시금 푸코의 말을 빌리자면, 국가가 사람들을 '살리는 권력'을 겸비하게 되어 국가의 지위는 점점 강화된다. 그리고 계획경제와 같이 국가의 조작 권력은 경제사회에도 미치게 되었다.

또 한 가지 근대국가의 문제로서 간과할 수 없는 것은

물리적 강제력의 독점이다. 이 때문에 국가 사이의 전쟁
은 점점 치열하게 되었고 국가와 경제와의 연결도 강화되
어 전쟁의 산업화라고 하는 현상이 뚜렷해지게 되었다.
그리고 제2차 세계대전 이후가 되면서 국가가 핵核을 독
점하게 되자, 인간과 생명에 대한 큰 위협이 대두되었다.

　시대가 흐름에 따라 국민은 국가에 기생하는 존재가
되었지만, 다른 한편 민주주의의 진전과 함께 권력에 대
항하는 정치적 반대파 또한 조직화되었다. 근대국가가 이
러한 정치적 반대파의 존재를 적극적으로 승인하자, 반대
파의 힘이 강한 국가가 오히려 안정된 국가가 되었다. 이
러한 의미에서 민주주의 안에서 반대파는 국가의 아성을
위협하는 것이 아니다. 오히려 시대와 함께 진행되는 글
로벌리제이션과 다문화주의가 문자 그대로 국가가 직면하
는 가장 강력한 적이 되었다.

(4) 개인주의

　근대사회의 기초 단위는 자율적인 개인이며, 개인에게
는 이성을 가진 인간으로서 인권이 주어진다. 개인은 국
가에 반反할 자유와 함께 국가로부터 자유도 획득하여 뒤

에 말하게 되는 근대적 시민사회가 성립한다.

개인의 탄생은, 최근의 한 연구에 따르면, 중세 후기의 시대에 시작된 것이라 한다. 예를 들어 예수의 상을 권위자로서가 아니라 인간의 고뇌를 나타내는 모습으로 그리게 되었고, 전통적인 미신은 사제에게 개개인이 고백하고 반성하면서, 개인의 죄로서 개인이 속죄해야 하는 것이 되었다(阿部謹 등의 《物語ドイツの歷史》 참고). 나아가 14, 15세기 이탈리아의 르네상스는 지금까지 논의한대로 고대의 르네상스임과 동시에, 무엇보다도 개인의 발견이었다. 이러한 인간 발견은 종교개혁에서 인간이 교회로부터 해방되면서 한층 확실한 것이 되었다. 18세기 계몽철학자에 의한 인간 합리성의 강조는 이렇듯 역사가 축척되는 가운데 성립되었다.

개인주의라고 해도 근대 초기에는 재산과 교양이 있는 사람에 한정되었지만, 이것이 점차 확대되어 일반적으로 활동하고 있는 보통 사람들에게로 확대되었다. 그것은 개인의 자유의 보장과 참정권의 부여 등에서 나타난다. 하지만 20세기가 되면서 대중사회, 대중 민주주의라고 하는 말에서 나타나는 바와 같이 일반 사람들의 사회적 비중은 증가하는 반면 무리로서의 대중은 조작의 대상이 되어 파

시즘의 기반이 되고 마는 양면성을 나타내기에 이르렀다.

근대사회는 개인에게 인권을 부여한 점에 그 특징이 있다고 하였지만, 실제로 그것은 남성에게만 부여된 것이었다. 프랑스 혁명가운데 올랭프 드 구즈Olympe de Gouges가 '여성을 위한 인권 선언'을 하지 않을 수 없었던 것처럼 인권은 본래 젠더의 차별을 부정하지 않는 것이었다. 근대사회가 되어 각종 제도화가 진행됨에 따라 한층 더 여성의 차별화가 진행되었다. 핵가족이 보편화되어, 남성이 밖에서 일하고, 여성은 가사와 육아에 전념하는 분업 체계가 일반화됐을 뿐만 아니라 한 집안을 대표하는 것은 남성이 되고, 기혼 여성은 심지어 민법상 무능력자가 되었다. 참정권도 여성에게는 인정되지 않았다. 이러한 사회적, 정치적 차별에 대해서 19세기 후반에 제1차 페미니즘 운동이 일어났다. 하지만 이러한 차별이 실질적으로 크게 전환이 된 것은 1960년이 지난 제2차 페미니즘 운동 이후였다.

개인주의가 진행되고, 성차별이 해결되어 갈 무렵, 개인주의 영역에서는 새로운 분열현상이 나타나고 전에 없던 여러 현상이 발생하였다. 그 예의 하나로 자기실현을 추구하는 많은 사람들이 등장하였는데, 이러한 사람들의 지지를 획득하지 못하면 선거에서 승리할 수 없게 되면서 정당 지지의 형태에도 미묘한 변화가 나타나게 되었다. 또한 핵가족이 더 작은 핵으로 분화되는 현상과 함께 개인의 원자화가 진행되면서 포퓰리즘도 등장했다.

(5) 과학주의

서구 근대가 세계를 지배하게 되는데 과학의 역할이 결정적이었다는 점은 이미 설명한 대로이다. 과학은 인간을 신의 속박에서 해방시켰지만, 시대가 지나감에 따라 거꾸로 과학 자체가 신이 되었다. '제1의 근대'는 문자 그대로 과학의 시대였다.

과학은 본래 지식을 의미하는 용어에 지나지 않았으며, 제1차 과학혁명은 16세기 후반에서 17세기 말에 걸친 초기 근대 시대에 발생하였다. 이 과학혁명은 르네상스와 종교개혁보다 큰 영향을 미쳤다고 한다. 코페르니쿠스, 갈릴레오, 케플러, 뉴턴 등이 제1차 과학혁명을 담당한 사람들이다.

그때 뉴턴의 이론은 자연 '철학'으로 여겨졌는데, 사실 그는 인력의 법칙 연구를 신의 섭리를 증명하는 것이라고 생각했다. 이러한 자연 '철학'이 자연의 '과학'이 된 것은 18세기에 들어서였으며, 백과전서파가 이것을 현실화시켰다. 1750년부터 1850년은 '말안장의 시대' 즉, 말에 걸터앉아 미래를 향해서 전속력으로 달리는 시대였으며, 이것은 19세기 중반의 2차 과학혁명, 즉 과학의 제도화로서 결실을 맺게 되었다. 이렇게 과학은 분화하고 전문화되어 여러 개별 과학으로서 과학의 지위를 확립한 것이다.

결국 교회는 과학과 보조를 맞출 수밖에 없게 되었다. 사회는 세속화하고, 거꾸로 과학이 외부로부터 비판을 허용할 수 없는 성스러운 것이 되었다. 더욱이 제2차 세계대전 전후에는 과학과 기술이 접근하여, 국가는 전쟁을 위해서 과학자들을 동원했다. 그 결과, 전쟁 이후는 과학의 산업화가 이루어졌고, 이전까지와 같이 과학자가 본인의 책임 아래 연구 테마를 결정하는 것이 아니라, 국가의 전략 및 기업의 이익을 위한 프로젝트를 통해 결정되는 경우가 많아졌다.

과학은 거기에 머무르지 않고 더 나아가 그 영향력이 확대됨에 따라 사회적 책임도 커지게 되어 과학자들 사이의 상호비판과 시민에 의한 통제가 새로운 시대의 과제로 떠올랐다.

지금까지 근대사회(제1의 근대)를 특징짓는 다섯 가지 요소에 대해서 서술했다. 만약 근대사회 그 자체의 변용에 대해 질문을 받는다면, 그것은 이상의 다섯 가지 요소, 곧 자본주의, 산업주의, 근대국가, 개인주의, 과학주의에 대해서 각각 근본적인 변화가 나타나는 것이라 할 수 있으며, 그에 대한 세분화된 검증 없이는 근대의 변용에 대해서 말하기 힘들 것이다.

4. 변용하는 근대

발생의 양상

제2차 세계대전 뒤 고도성장이 정점에 이르렀을 때부터 근대사회의 내부에서는 각종 변모의 조짐이 나타나게 되었다. 더욱이 그것은 지금까지 사회의 핵심이 되는 부분에서 발생한 것이므로 근대사회 자체를 흔드는 매우 구조적인 것이다.

그렇다면 그것은 어떻게 나타났는가? 우선, 한 권의 책이 울린 경종에 주목하고자 한다. 그것은 1962년 발행된 책으로, 화학물질에 의한 자연 파괴를 추적하는 선구적 저작인 레이첼 카슨Rachel Carson의 《침묵의 봄Silent Spring》이었다. 카슨에 따르면 지구의 탄생 이래 생명과 환경 이 두 가지가 생명의 역사를 엮어왔는데, 지금까지는 대개 환경이 식물·동물의 형태와 습성을 만들어 왔다. 그런데 인간은 오늘날 과학이라고 하는 힘을 빌려 자연을 변화시키고자 하고 있다. 이것은 과학을 핵심으로 하는 근대에 처음으로 가능하게 된 것이다. 카슨은 이러한 양상을 생생하게 그리면서 사람들에게 충격을 안겨주었다.

농약을 포함한 화학제품은 확실히 인간에게 많은 공헌을 하였다. 예를 들어, 디디티DDT 등의 덕택으로 벼룩이나 모기 등을 없앨 수 있게 되어 말라리아나 티푸스도 점차 소멸되었다. 하지만 이러한 화학 약품은 강한 독성을 가지고, 대량 살포되기 때문에 공기, 대지, 하천, 해안이 오염되어 자연은 침묵하게 되었다. 울새나 찌르레기도 울지 않게 되었고, 하천에서는 물고기가 사라지게 되었다. '싹트는 봄'은 '침묵하는 봄'이 되었다.

고도성장이 아직 한창이었던 미국에서 이 책이 출판되자, 그 경고는 큰 반향을 불러일으켰다. 일본에서도 1964년 《삶과 죽음의 묘약》으로 이 책이 번역·출판되었지만 그때에는 그다지 주목을 받지 못했다. 이것이 일본에서 반향을 일으킨 것은 제1차 오일쇼크 뒤 성장의 한계와 병폐를 누구라도 명확하게 목격한 1974년이었다. 이는 재판을 출간한 이후의 일이었다. 이것은 단순히 제목을 바꾸었기 때문이 아니라 아마도 시대가 바뀌었기 때문일 것이다. 확실히 1973년의 오일쇼크는 서구 국가 전반에 큰 타격을 주었다. 지금까지 자연 현상처럼 생각되었던 경제성장은 제자리걸음을 하고, 반대로 사회의 모순을 지적한 운동이 잇따르면서 1990년대 중반까지 이른바 '운동사회' 또는 '분쟁 정치'로 불리는 시대가 이어진다. 이러한 시대의 경향을 일찍이 지적한 것이 로마 클럽의 《성장의 한계 The Limits to Growth》이다. 이 책은 제1차 석유 쇼크 바로 전 해인 1972년 출판되었고 일본에서도 그 해 바로 번역 출간되었다.

이 책은 인구, 자본, 식량, 자원, 오염을 아이템으로 하여 추정계측 방법에 따라 장래 모델을 수립한다는 획기적인 시도를 담고 있었다. 이러한 프로젝트가 고안되었던 것은 가속도를 붙이며 진행되는 공업화, 급속한 인구 증가, 천연 자원의 고갈, 환경의 악화가 인류의 장래에 관련된 긴급한 과제로 떠올랐기 때문이다. 그 추정계측의 결과, 드러난 전망은 다음과 같다.

(1) 인류가 지금까지 해온 행동을 지속한다면 100년 이내에 세계는 파국에 빠진다.
(2) 이 파국을 피하기 위해서는 출생률=사망률, 투자=감축의 상황을 가능한 빨리 달성해야 한다.
(3) 과학 기술이 아무리 진보해도 (2)의 시도를 실행하지 않으면, 곧 파국이라는 상황에 이를 것이다.

물론 지구의 어딘가에서 인구와 자본 투자가 늘어나고는 있지만, 전체적으로 그러한 것들의 균형 잡힌 정상 상태가 이루어지지 않으면 안 된다. 그 균형 상태는 사회의 정체 상태를 의미하는 것이 아니다. 기업들 사이에서도 여러 형태의 상승과 침체가 있듯이, 무엇보다도 환경의 악화를 유발하지 않는 인류의 활동만이 무한성장을 가능하게 할 것이다. 그래야만 교육, 예술, 음악, 종교, 기초 과학, 운동, 사회 교류 등이 점점 번창하게 될 것이다.

로마클럽의 위촉을 받은 메도우즈Donella Meadows 조교수 그룹의 연구는 근대사회의 문제점과 그 한계를 날카롭게 지적하고 있는데, 이러한 현실 사회의 변모는 사람들의 사고방식이나 행동 방식에도 나타나고 있다. 이러한 것들을 예지하고, 분석한 것이 미국 정치학자 잉글하트 Ronald Inglehart의 《조용한 혁명Silent Revolution》(1977년)이었다. 그가 자신의 저서에서 사용한 탈물질적 가치관이라고 하는 사고는 많은 사회과학자들에게 인용되었고 새로운 분석의 기초 개념으로서 현재에도 사용되고 있다.

잉글하트는 심리학자인 머슬로우A. H. Maslow를 따라 인간의 욕구에는 몇 가지의 단계가 있다고 말한다. 우선 첫째, 생존에 대한 욕구, 둘째, 신체의 안전에 대한 욕구가 있으며, 그러한 물질적 욕구가 최소한 충족된 다음에는, 사랑, 귀속, 존경에 대한 욕구가 점차 중요하게 되고, 가장 나중에는 지적 만족이나 미적 만족과 연결된 목표가 부각되게 된다. 후자가 자기실현 욕구라고 불리는 것이다. 한 가지 더 유의해야 할 점은 인간은 유년기에 형성된 가치관을 성년기 동안 내내 유지하게 된다는 점이다.

잉글하트는 이러한 전제 아래 구미 여러 나라의 가치관을 여론조사 방법을 통해서 조사하였다. 그 결과 탈물질적 가치관은 각국에서 약간의 차이는 있지만, 공통의 경향이 있음이 밝혀졌다. 1972년과 1973년의 조사에 따르면, 이미 모든 나라에서 물질적 가치관이 우세하게 나타났지만, 부유한 국가에서는 탈물질적 가치관의 비중이 높아지고, 연령이 젊어질수록 이러한 가치관을 가지는 사람들이 많아졌다. 예를 들어 벨기에의 20대는 탈물질적 가치관을 가진 사람 쪽이 더 많았다. 계층적으로 보면, 농민, 노동자 계급, 중산 계급 순으로 탈물질주의가 증가하였다.

탈물질적 가치관을 가진 주체들은 직업관, 정치관, 세계관에서도 지금까지와는 달리 성취감이 있는 일에 종사하기를 원하고, 현상에 대해서는 더 비판적, 곧 더 좌파적이며, 나아가 국제적인 것에 눈을 돌리는 경향이 강하다고 한다. 그리고 더 나아가서 그들은 엘리트에 대해 도전적이고, 기성 정당이나 조합으로부터 떨어져 나간다.

이러한 잉글하트의 논의에서도 《성장의 한계》의 영향은 컸다. 그는 로마클럽의 주장과 그 기술에 대해서 더 낙관적이어야 하고, 이제 제로성장을 생각하는 것이 어떨까라고 말한다. 그의 분석은 분명히 《성장의 한계》의 연장선 위에 있었고, 그것은 시대의 조류를 나타내는 중요한 증거 가운데 하나가 되었다.

앞으로 밝히겠지만, 1960년대 이후 서구에서 널리 확산된 '신사회 운동'도 이러한 탈물질적 가치관에 바탕을 두고 발생한 것이며, 그 역사는 분석자의 손에서 벗어나 구체적인 형태로 펼쳐졌다. 이런 사회 운동의 시대가 진행된 다음에는 더욱 새로운 양상이 전개되었다. 근대의 변용의 시작되고 있음을 알리는 《침묵의 봄》이 인간의 외부인 자연에 대한 파괴 행위에 대한 경고였다면, 1990년대 중엽에는 인간이 이룬 과학의 결실이 이제는 인간의 태내에도 깊숙이 파고들어 생명 자체의 쇠퇴를 초래하고 있다는 경고가 나오게 되었다.

1996년에 테오 콜본Theo Colborn 등이 쓴 저서, 《빼앗긴 미래Our Stolen Future》에 따르면 다이옥신 등 내분비 교란물질, 이른바 환경 호르몬이 동물은 물론 인체에 생식 이상을 초래하여, 번식을 하지 못하는 동물, 성기의 이상, 사람의 정자수의 격감 같은 현상이 나타나고 있다고 한다. 이 호르몬은 초저농도로, 탱크 트럭 660대의 양의 물에 진gin(무색투명한 증류주 –역자 주)을 한 방울 떨어뜨린 정도에도 반응을 일으키고, 이것은 부모로부터 자식에게로 옮겨져 간다. 이로써 화학 물질이 생식 이상을 초래해 자손을 끊어 놓는 결정적인 타격을 줄 수 있다는 것이 명확해졌다. 인간이 만든 것이 인간을 멸망시키고 마는 구도가 나타난 것이다.

위기에 대한 대응

인간에게 이러한 위기가 공공연하게 부각되면 거기에 대응하려는 움직임이 나타나는 것이 당연하다. 하지만 지금까지 사회 체제는 자기를 보전하고, 기존대로 발전을 계속하려고 하기 때문에 이에 대한 비판의 형태는 초기에는 급진적인 것이 되지 않을 수 없었다. 이렇게 하여 등장한 것이 '신사회 운동'이다.

이 운동은 체제 개혁 운동이라기보다는 오히려 사회의 병리에 대한 경고 행위라고 하는 편이 맞을 것이다. 한 독일 사회학자에 따르면 신사회 운동은 '민주주의의 자본'이며, 이런 운동에 따라 민주주의의 민주화가 진행되는 것이라고 한다. 그러면 지금까지의 분류에 따라 다음의 [그림 2]에서 이러한 사회 운동을 개관해보기로 하자.

산업주의

산업주의를 살펴보면, 과잉 산업주의가 초래한 마이너스 영향으로 발생한 것은 공해반대 운동이다. 이는 산업 공해뿐만 아니라 도시 공해, 교통 공해에까지 이르는 운동이다. 이러한 공해반대 운동은 처음에는 부정적 행위로

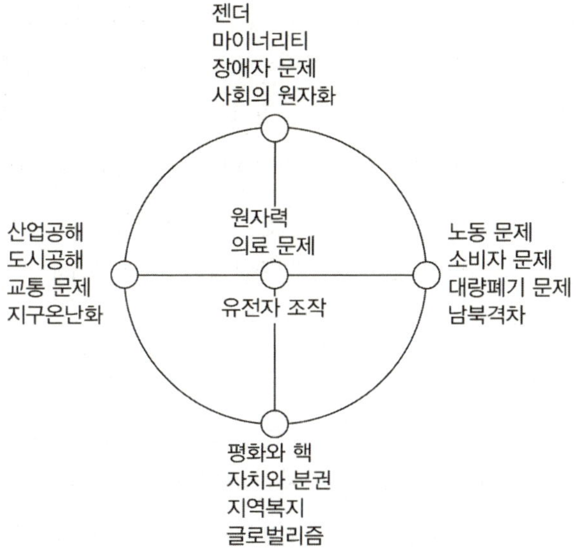

[그림 2] 주요 쟁점과 신사회 운동

서 등장했으나, 후에 자연 보호라고 하는 더 긍정적인 운동으로 바뀌어 산업주의에 맞서는 에콜로지ecology 운동이라는 형태를 취하게 되었다. 그리고 이 에콜로지 문제로부터 유럽에서는 '녹색당'이라고 하는 지금까지 정당 시스템에 없는 새로운 형태의 정당이 등장한 점도 주목해야한다.

산업 수출이라는 말이 상징하는 바와 같이, 산업주의는 원래 국경을 넘어서는 것이며, 그뿐만 아니라 온난화와 같이 지구 전체의 존재와도 긴밀한 관계를 가지는 것이기 때문에 에콜로지 운동도 그린피스나 다른 NGO와 같이 필연적으로 글로벌한 것이 되지 않으면 안 된다. 그리고 그들은 지구 시민사회의 하나의 담당자가 될 것이다.

나아가 산업주의는 도시화를 촉진함으로써 많은 도시문제를 일으키게 되었다. 대기오염, 광화학 스모그, 하수도, 쓰레기, 일조권, 교통 재해 등 지금까지 없었던 새로운 문제가 발생하고, 사람들은 지역 운동을 일으켜 이에 대항하게 되었다. 물질적으로 풍요로워진 된 도시에서는 도시 재생, 새로운 마을에 대한 기대 등의 탈물질적 가치관에 근거한 운동이 발생하였다.

산업이든 교통이든 이러한 것들은 근대사회의 생활과 밀접하게 연관된 것으로서 앞으로도 인간은 그것을 거부하면서는 생활을 유지할 수가 없다. 그러나 물질적 풍요, 효율, 편리에 대한 신앙과 같은 '제1의 근대'가 추구해온 기존의 목표를 자기반성하고, 사회를 개선하려고 하는 새로운 시도도 분명 시작되었다.

자본주의

자본주의는 이미 말한 바와 같이 자유 경쟁에 따른 약육강식의 병폐를 가진 것으로, 그 때문에 19세기 일찌감치 '빈곤의 연대'로서 노동운동이 발생했다. 1970년대 신사회 운동이 대거 전개된 시기에 노동 운동은 쇠퇴기에 접어들게 되었다. 글로벌리제이션 시대에는 반WTO(세계무역기구) 운동에서 보이듯이 반자본주의 운동이 오히려 남북문제로 나타나고, 9.11 테러 사건에서 드러난 바와 같이 한층 격렬한 형태를 취하게 되었다. 이어서 아프가니스탄, 이라크 문제도 정치적 글로벌리즘에 대한 저항이라는 면 이외에도 빈부의 대립이라고 하는 맥락 안에서 전개되는 측면이 강하다.

자본주의는 지금까지 가장 유력한 적이었던 사회주의를 타도할 만큼 생명력, 생산력이 있다는 것을 증명했지만, 그런 반면 자기 내부의 모순도 매우 컸다. 물건의 생산과는 관계없는 토지, 주식 혹은 그 밖의 금융 증권이 폭주하여, 각종 거품(버블)을 만들어 내고, 이것이 다시 붕괴하는 과정을 거치면서 부정적 결과를 초래했다. 시장주의가 세력을 휘두르면 휘두를수록 시장에 대한 비판의 정도도 높아지고, 지금까지의 의미와는 다른 자본주의의 불신이 두각을 나타내게 되었다.

물론 전후의 고도성장과 그 결과로서 물질적 풍요는 분명히 시스템의 성공을 증명하고 있지만, 이것이 만들어 낸 대량 소비, 대량 폐기는 한편으로는 소비자 운동, 다른 한편으로는 폐기물 반대 운동을 불러 일으켰다. 소비자 운동은 미국 등에서는 2차 세계대전 이전부터 나타났지만, 1970년대 후반이 되면서 다른 운동과 연동하여, 식품 공해, 유전자 조작 식품에 대한 반발 등 넓은 범위에 걸치는 운동으로 전개되었다. 폐기물 문제는 지금까지 인류가 몰랐던 것으로서 산업·생활 폐기물을 땅에 묻지 않는 폐기물의 처리가 시대의 과제가 되었다. 이 문제에 대해서도 폐기물 반대운동의 구실은 컸다. 물론 이런 과제에 대해서 정치가 얼마나 유연하고 선도적으로 대응하는가에 따라서 제도의 모습은 크게 달라질 것이지만, 아무튼 이것은 근대사회가 예기치 못한 현상이었다.

근대국가

국가는 일정한 지역을 독점적으로 지배하는 주권을 가지고 있다는 점에서 그 이외의 정치권력과 다르지만, 앞서 다룬 바와 같이 20세기에 들어서면서 '감시하는 권력'

에 더해져 '살리는 권력'도 가지게 됨으로써 그 독점력은 한층 강화 되고, 그 때문에 조금 과장해서 말하면 양치기를 따르는 양과 같이 국민은 국가에 의존하는 존재가 되었다. 이렇게 강한 행정국가, 위로부터의 복지국가에 대항하기 위해서 보수파에 의한 신자유주의가 전개되고, 한편으로는 사회 민주주의계의 '제3의 길'이라고 하는 정치 운동이 전개되게 되었다. 그리고 그 비판은 많건 적건 간에 구체적으로 실현되고 있다.

　이와 동시에 강대화한 정치권력을 분권화하고, 그 분권화된 장에서 시민 자치를 인정하려고 하는 분권과 자치의 운동이 일어나 기초 단위에 대한 자치의 부여와 거기서 불가능한 것은 상위 조직이 보완한다고 하는 '자율 보완subsidiary'의 원칙이 광범위하게 수용되게 되었다. 이 점에서도 1970년대 이후의 발전은 뚜렷하다. 프랑스와 같은 중앙집권국가에서도 분권화가 일어나고 이탈리아에서도 1970년에 새로운 주제도州制度가 창설되었다. 영국의 블레어Tony Blair(1997년 5월 2일~2007년 5월 27일 영국 제54대 총리, 노동당)정권에 의한 스코틀랜드, 웨일즈, 런던시에 대한 분권화의 시도도 새롭게 기억된다.

　이러한 분권자치 동향의 배경에는 1970년경부터 현저

하게 전개된 참여 민주주의, 직접 민주주의 운동이 있으며, 민중의 비중이 증가한 것도 밀접한 관계가 있다. 잉글하트의 표현을 빌려 말한다면, 엘리트 도전적인 가치실현파의 발언권이 증가한 것이며, 엘리트들 사이의 경쟁을 바탕으로 하는 대의 민주주의에 대한 수정의 시도라고 할 수 있을 것이다. 이것은 실제로 학문으로서의 정치학에 연동된 현상이다.

국가는 물리적 강제력을 독점하고, 더욱이 독립한 국가는 치열한 투쟁을 반복해 왔기 때문에 지금까지 평화 운동은 그다지 순수한 형태에서 이루어지지 못했다. 제1차 세계대전 전에는 노동 운동이 이를 담당하는 것으로 보였으나, 대전이 발발함과 동시에 물거품처럼 소멸하였다. 그 후 냉전이라고 하는 형태로 세계가 이분화 되고, 국가가 핵을 독점하게 되면서 핵과 미사일 배치를 둘러싸고 격렬한 반핵 운동이 전개되었다. 그 형태나 규모는 다양하지만, 모든 국가에서 자기실현파의 시민에 의한 평화 운동은 신사회 운동의 중요한 축이 되고 있다. 예를 들면 최근에도 이라크 전쟁에 대해서 이탈리아에서는 300만 명의 데모가 일어나 서구 각국의 운동의 시대가 여전히 끝나지 않았음을 보여주었다.

근대국가의 변용에 가장 영향력을 준 것은 말할 것도 없이 글로벌리제이션이다. 경제와 기술, 문화의 글로벌리제이션은 국가에 대해서도 그것을 강요하게 되었다. 글로벌리제이션이 반드시 일방적으로 국가를 약체화 하는 것은 아니다. 컴퓨터 소프트웨어의 지적 소유권 문제의 경우 국가의 적정한 규제가 없다면 글로벌리제이션이 순조롭게 행해지지 못하기도 한다. 또한 글로벌리제이션 가운데 경제적 글로벌리제이션의 병폐를 없애기 위해서 국가가 개입하기도 한다. 예를 들면 외국환 거래에 과세를 해서 투기적인 자본 이동을 억제하는 토빈세Tobin Tax가 그것이다. 이처럼 글로벌리제이션에서는 국가가 아니면 할 수 없는 역할이 많다. 하지만 어떻든 국가가 유일의 절대적 통치구조가 더 이상 아니라는 것은 사실이며, 국가가 국제조직이나 NGO의 의향에 귀를 기울이지 않으면 안 되는 시대가 되었다.

이러한 국경을 넘은 글로벌리제이션은 누가 보아도 지금까지 근대시스템이 큰 전환을 하고 있는 것이며, 유럽에서는 이미 현실의 형태로 진행되고 있다. 그것은 폐쇄된 사회에 갇히지 않고, 국제적인 문제에 눈을 돌린 시민의 존재가 없었다면 이루어지기 어려운 것이다.

개인주의

개인주의가 근대의 진전과 함께 양극 분해한 것에 대해서는 이미 설명한 대로이다. 이 문제는 시민사회의 문제를 포함하여 다음 장에서 구체적으로 다루겠지만, 인권의 면에서도 새로운 전개가 있었기 때문에 그 점만은 여기서 다루려 한다.

인권은 역사와 함께 차례로 확대 적용되어 왔다. 이 전환의 시대에 그것을 더 구체화하여 소수민족, 선주민, 장애자, 동성애자 등의 소수파 또는 지금까지 사회의 후미진 곳에 있었던 사람들의 권리를 옹호하려는 운동이 활발하게 되었다. 외국인, 이민의 문제는 우익의 대두를 불러일으킬 만큼 중요한 문제가 되었고, 장애자 문제는 그 처우개선만이 아니라 장벽 없는barrier free 마을 만들기로 발전하고, 나아가 동성애자나 성동일성 장애자Gender Identity Disorder 등의 문제도 큰 사회 문제로서 활발한 운동의 대상이 되었다. 차별과 편견에 대한 관심과 운동이 활발하게 전개되기 시작한 것이다.

소수자로서가 아니라 근대사회의 출발점에서 제도상에서 차별받았던 여성은 1960년대 중절 문제 등을 계기로 사회차별 철폐 운동을 일으키고, 제2차 페미니즘 시대를

열었다. 이것은 분명히 '제1의 근대'에 대한 정면 도전이
며, 구미 등에서는 오히려 새로운 사회 운동의 첨단에 서
는 것이었다. 그리고 사회차별 철폐 운동은 나아가 정치
세계에도 역류하여 의회 의석과 입후보자 할당제 등 특히
서구에서 남녀평등 운동의 성과를 내는 데 크게 기여했
다. 이 점에서는 시민혁명에 따라서 시작된 근대가 문자
그대로 이제 전환했다고 할 수 있을 것이다.

과학주의

과학은 서구 근대의 중심적 동력이었기 때문에 지금까
지 말한 거의 대부분의 문제와 밀접하게 관련되어 있으며
기여와 과오를 모두 가지고 그 전진은 여전히 멈추지 않
고 있다. 최근 IC〔Intergrated Circuit, 집적회로〕 등의 정보기
기의 빠른 속도의 발달, 인간 게놈의 해명 등 유전자 과
학의 눈에 띄는 성과, 나노테크놀로지의 잠재력 등 과학
은 수차례의 혁명을 거듭하고 있다. 그러나 전후 '황금 시
대'를 지나면서부터 과학도 신의 지위에서 미끄러져 내려
와 점차 비판을 받게 되었다.

제2차 세계대전 때 원폭의 제조와 수폭의 개발은 이미
근대과학의 부정적 측면을 노출시켰고, 과학자 사이에서

도 물의를 빚었다. 고도성장 말기의 원자력 발전은 그 문제의 중요성을 한층 고조시켰고, 이와 함께 원자력 반대 운동이 사람들 생활 속 깊이 자리 잡게 되었다.

프랑스는 전통적으로 과학 만능의 국가이며, 원자력 발전도 매우 일찍이 개발되었고 그에 대한 의구심도 적은 나라였다. 그러한 프랑스에서도 1970년대 이후 '서바이벌 운동'이 과학자를 중심으로 조직되어 현대 최대의 이데올로기인 '과학주의'를 '새로운 보편적인 교회'라고 강력하게 비판하기에 이른 것은 주목할 만하다. 이 단체는 핵에너지 산업에 대한 많은 반대 운동을 조직했지만, 더 광범위하게 자원, 공해, 전쟁에 대한 과학자의 전반적 책임을 묻는 것을 과제로 삼았다.

서바이벌 그룹이 말한 바와 같이, 과학자의 세계에서는 과학 자체만이 진실로 참 지식이며, 과학의 전문가만이 이것을 알고 있는 것으로 여겨지기 때문에 그들의 판단만이 정당한 것이 된다. 이 '새로운 종교'에 대한 비판은 용서될 수 없었다. 실제로 지금까지의 과학에 대한 비판은 동료 사이에서만 인정되고, 외부의 비판은 용인되지 않았다. 과학은 좋은 것을 가져오는 것이므로 환자도 의사에게 불평을 할 수가 없었다. 이러한 과학에 대한 신앙은

달에 인공위성을 발사함으로써 절정에 이르렀다고 말하여지지만, 서바이벌 그룹에 따르면 이를 경계로 오히려 환멸과 회의가 급속히 확산되었다고 한다.

그리하여 전문 과학자 내부의 비판뿐만 아니라 다른 전문가 사이에서 상호비판이 필요하게 되고, 군부에 대해서 이루어지는 것과 마찬가지의 문민 통제가 과학에 대해서도 요청되기에 이르렀다. 제5장에서 논의하듯이, 토의 민주주의 제도화의 한 축으로서 '컨센서스' 회의는 이처럼 시민에 의한 과학의 규제와 비판의 수단으로서 만들어 진 것이며, 더 구체적인 예로서는, 환자가 주치의만이 아니라 제2의 의견, 제3의 의견을 다른 곳에서 듣고자 하는 것이 통상적이 된 것도 이러한 현상의 하나라고 할 수 있다. 과학도 이제는 마술의 지위에서 해방되고 있으며, 그 경향은 앞으로 개발될 과학기술에 대해서는 훨씬 엄격하게 적용될 것이다. 다이옥신에 대한 문제 제기가 어떻게 하여 침묵하고 있던 민중 사이에 큰 영향을 미쳤는가의 기억이 새롭게 떠오른다.

구미와 일본

신사회 운동을 중심으로 한 항의 행동 가운데 근대 비

판의 흐름을 살펴보았다. 신사회 운동이라고 해도 항의의 양식, 예를 들면 시위적, 대결적, 또는 실력 행사적인가에 따라서 다르고, 그 항의의 파장의 형태와 다른 곳으로의 파급의 형태도 각기 다르다. 말할 것도 없이 동원의 규모나 각 정책 영역에 따라 차이가 있어 다 열거할 수 있는 문제가 아니다. 여기서는 이러한 운동을 사회 변용의 매개 변수로서 사용하고 있다. 그렇기 때문에 그런 관점에서 서구와 일본 사이에 운동의 대상과 그 결과에 어떠한 차이가 있는가에 대해서 간단히 다루고자 한다.

현대는 근대의 구조적 변용의 시대이기 때문에 여기서 등장하는 에콜로지 운동, 반원자력 운동, 소비자 운동, 폐기물 반대 운동, 페미니즘, 마이너리티 옹호 운동, 반핵 평화 운동 그리고 반글로벌리즘 운동 등은 어떤 국가에서나 공통으로 존재하고 있다. 나아가 전통적인 정치 운동의 면에서도 각국에서 신자유주의와 '제3의 길'의 대립 등 유사한 현상이 크고 작게 출현하고 있다. 이것은 분명히 국가별 차이를 넘는 공통의 문제이며, 이러한 사회 전반의 구조적 변용이 지속적으로 일어나고 있다는 현상의 지표로 간주할 수 있다.

서구의 경우는 1975년부터 1995년 사이가 '운동사회'

또는 '분쟁 정치'의 시대로 일컬어지는데 이처럼 오일쇼크 이후 비교적 오랜 기간에 걸쳐 격동의 시대가 지속되었다는 것을 알 수 있다. 페미니즘은 그 전조로서 가장 먼저 출현하였고, 1970년대 후반부터는 반원자력 운동이 활발해지게 되었다. 평화 운동도 핵전쟁 반대부터 미사일 설치 반대를 포함한 더 넓은 반핵 평화 운동으로 발전하였다. 공항 건설을 포함한 교통 문제에 대해서도 강한 이의가 제기되었다. 또한 이민이나 외국인을 둘러싼 이문화 옹호 운동에서 대항문화 운동이라고 일컬어지는 청년들의 도시 건물점거 운동 등이 모두 1980년대를 중심으로 이루어졌다. 이러한 운동은 1970년대 중반부터 점차 상승 경향을 나타내 1980년대 말부터 1990년대에 이르러서는 에이즈 문제 대두와 더불어 동성애자에 관한 운동도 많은 사람들의 이목을 끌게 되었다.

이러한 운동의 절정기를 보면, 도시의 청년 운동의 경우는 1980년부터 81년, 넓은 의미에서의 평화 운동은 1981년부터 83년, 반원자력 운동은 1986년부터 87년 등 1980년대에 집중되어 있다. 여론조사를 통해서 보더라도 항의하고 이의 제기를 하는 사람이 1975년의 단계보다 1990년에 이르면서 비약적으로 증가한다. 이런 점에서 고도성장 이후의 시대는 폐쇄된 시대의 성격과는 매우 거리가 멀었다.

이에 견주어 일본의 경우는 신사회 운동이 시민 운동, 주민 운동의 이름으로 1960년대 말부터 70년대 중반에 걸쳐서 급속히 등장하였다. 그러나 1970년대에는 이미 ‘겨울 풍경’이라고 표현되듯이 이러한 운동은 외견상 줄어들고, 수면 아래로 가라앉은 형태가 되었다. 확실히 일본에서도 운동의 시대는 그 이전까지는 없었던 각종 운동 관련 잡지가 출판되는 등 눈이 휘둥그레질 정도로 약진하는 동적인 시대였다. 그런데 서구에 견주어서는 빨리 시작된 감이 있는 한편, 단명하여 끝나버렸다.

또 한 가지 일본적 특징은 신사회 운동 가운데 공해반대 운동이 두드러지게 전개되었다는 점이다. 예를 들어, 1971년부터 76년까지 출판된 잡지 《시민市民》에서 다루어진 주제를 보면, 산업 공해, 도시 공해, 교통 공해를 포함한 주제가 41퍼센트를 차지하고, 잡지 《지역투쟁地域鬪爭》에서는 그러한 주제가 59퍼센트에 이른다. 두 잡지 모두 절반 정도가 에콜로지 운동이었기 때문에 이를 통해서만 본다면 일본의 산업주의가 그만큼 황폐했는가 하는 추론을 해 볼 수 있다.

비교적 다방면의 운동에 관심을 보였던 잡지 《시민市
民》의 기사를 시간 순으로 살펴보면, 공해반대 운동에 이
어 소비자 운동, 폐기물 반대 운동, 그리고 차별과 편견
에 대해 반대하는 인권 운동이 뒤따르고 있으며, 그 뒤를
이어 커뮤니티 활동 또는 볼런티어 문제가 등장하고 있
다. 신속하게 인간의 생산-생활 순환 과정에 따라 운동이
전개되었다. 그런데, 일본에서는 그런 순환은 빨리 끝나
고 말아, 서구와는 다르게 운동론적으로 말하자면 일본의
운동은 비활성형 사회 패턴을 보이게 되었다. 그 밖에 또
한 가지, 페미니즘 운동이 약한 점도 일본 운동의 또 하
나의 특징이다.

이러한 점을 어떻게 해석할 것인가에 대해서 확정적인
결론을 내릴 수는 없다. 경제 또는 문화의 구조, 발전 속
도의 문제 등 여러 가지 원인이 있을 것이다. 다만, 그
한 가지의 이유로서 일본의 시민에게는 '권력에 대한 저
항'이라는 경험이 부족하고, 1960년대의 안보 투쟁이 아마
도 많은 시민에게는 첫 저항의 경험이었다는 사실과도 관
계가 있지 않을까 생각한다. 이에 견주어 서구 여러 나라
의 시민에게는 혁명이라는 형태를 취했느냐의 여부는 별
개로 하더라도 데모크라시를 스스로가 수립했다고 하는

긍정적인 경험과 기억이 있다. 이런 면이 서양과 일본이 크게 다른 점이다.

그러나 1990년대 후반이 되면서 일본에서도 볼런티어, NPO, 지역 복지로서의 개호 활동, 마을 만들기, 분권과 자립을 둘러싼 새로운 형태의 사회 참가의 움직임이 이루어지는 등 새로운 시대의 전개가 예감되고 있다.

5. 자성적 근대화

위험사회

근대사회가 여러 가지 측면에서 변용을 계속하고 있다는 것을 살펴보았다. 이것은 근대의 실패를 의미하는 것이 아니라, 오히려 근대가 그 파괴력과 창조력에 의해서 성공했기 때문에 발생한 현상이다. 근대사회의 변용은 외부의 충격에 의해 이루어진 것이 아니라 내부로부터 그러한 조짐이 있었다.

근대사회는 전통사회와 다르게 스스로 비판하고 변혁하는 힘을 내부에 가지고 있다. 벡Ulrich Beck은 이것을 1986년(구 소련, 현 우크라이나 체르노빌 원자력발전소 폭발 사고가 발생한 해 –역자 주) 《위험사회Risk Society》라고 하는 책에서 '자기 성찰적 근대화'로 정의하고 있다. 벡에 따르면 '성찰적 근대화' 개념은 (reflective라는 형용사가 보여주듯이) '성찰'만이 아니라 우선 무엇보다도 '자기와의 대결'을 은근히 의미하고 있다. 산업사회는 시대에 뒤떨어지기 시작하고, 그 뒷면에 위험을 가진 사회가 출현하고 있지만, 여기서 말하는 위험이라는 것은 위험과 같이 외부에서 출현하여 영향을 미치는 것이 아니라, 근대의 운영이 이루어지는 가운데 발생하는 것이다. 위험사회의 위협에 대해서 위험사회의 역동성에서 원인을 추적하는 논쟁과 대립이 사회 전반을 뒤덮게 되었다. 이렇게 근대는 자기와의 대결이라는 과정을 거치며 또 다른 근대로의 길을 열어간다.

기든스는 근대사회가 자기 변혁력을 가졌다는 점이 전통사회와 근대사회의 차이라고 말한다. "전근대 문명에서 자기성찰성(재귀성)이란 전통의 재해석과 명확화라는 것에만 한정되어 있었고, 그 결과 시간의 척도 면에서 '미래'보다는 '과거' 쪽에 더 많은 비중이 놓여졌다. 하지만 근대라고 하는 시대가 도래함과 동시에 자기성찰성은 다른 특질을 보이게 된다. 어떤 관례도 그것이 지금까지 전승되어온 것이라는 점만으로 용인되는 일은 불가능하게 되었다."

근대사회에서 전통이 인정되는 것은 그것이 동원되어지는 지식에 따라 그 정당성이 인정될 때뿐이다. 그러한 전통 가운데는 지금까지 근대가 구축해 놓은 전통도 포함된다. 이렇게 근대적 지성과 자기성찰적 비판으로 말미암아 근대는 변용의 과정을 거친다. 바꾸어 말하면, 근대는 재생산의 과정에 놓임으로써 자기 감시가 가동되어 스스로 변혁을 이루어 가는 것이다.

이러한 새로운 사회가 위험사회로 불리고 있지만, 위험이 있다는 것을 그다지 비관적으로 생각할 필요는 없다. 위험이 있다는 것은 다른 면에서 기회가 있다는 것이기도 하다. 위험사회는 다른 면에서 보면 기회사회이기도 하다. 기회를 발견하기 위해서는 먼저 위험을 찾으려 하기보다는 더 적극적인 자세를 가질 필요가 있고, 시대의 조류를 객관적으로 보면서, 거기에 적합한 변혁의 '시도'를 해가야 할 것이다.

'제1의 근대'는 인간의 이성에 대한 자신감이나 과신의 자세로부터 출발하여, 20세기 전반에는 사회주의 국가에서 복지국가에 이르기까지 사회공학적 '기획', 계획이 찬양되었다. '제2의 근대'는 인간에게 가능한가 불가능한가를 항상 염두에 두고 더욱 냉정한 시대 성찰을 해야 하는 시대가 된 것이다. 사회를 개혁하려고 하는 오만한 '기획'이 아니라 시대의 흐름에 주목하고 그것에 부응하는 '구조'가 요구된다.

'제1의 근대'에서 '제2의 근대'로

이렇게 '또 하나의 근대'가 '제1의 근대'와 연속성을 갖되 비연속적으로 전개되어 가면서 '제2의 근대'의 형태가 만들어져 간다. '제2의 근대'가 전통사회로 회귀하는 것도 말할 것도 없이 불가능하지만, 그렇다고 해서 '제1의 근대'와 완전히 끊어진 '포스트 근대'를 뜻하는 것도 아니다. 그러한 연속과 비연속의 두 가지 측면을 다 감안하여 '제2의 근대'라 부른다. 이러한 새로운 시대가 향후 어떻게 발전해 갈는지는 불분명하다. 그것을 가능한 한 가치를 포함한 개념으로 간주하지 않으려 하기 때문에 이 책에서는 매우 추상적이지만 '제2의 근대'라고 하는 용어를 사용한다. '후기 근대'라는 개념도 그 점에서 충분히 고려할 가치가 있으나, 과연 지금부터 이후가 후기로서 정리될 수 있을 것인가 하는 의구심과 '제3의 근대'가 있을지도 모르기 때문에 여기서는 일단 '제2의 근대'라고 하는 개념을 선택하고자 한다.

벡이 말한 바와 같이 '제1의 근대'의 커다란 과제는 빈곤의 해결이었다. 19세기의 노동 운동은 제로섬의 자본주의가 초래한 계급 대립과 차별로부터 발생했다. 노동자계급을 조직화함으로써 기성 체제에 저항하고, 그 전복조차 구상했다. 이것이 '빈곤의 연대'이며 매우 명백하고 첨예한 대립의 형태를 취하는 것이 가능했다.

이에 견주어 '제2의 근대'의 연대는 근대사회가 양산한 위험에 대한 '불안의 연대'이다. 지금 사람들은 식량, 공기, 물이라고 하는 인간에게는 기초적인 필수품조차 오염되어 있는 것은 아닌가 하는 불안에 휩싸여 있다.《돈으로 사서는 안 된다買ってはいけない》라는 책이 베스트셀러가 된 것은 그러한 배경에 근거한 것이다. 이것은 완전히 새로운 시대의 특징으로서, 그 불안은 조직화하지 않고 있으며, 연대라고 해도 그것은 뿔뿔이 흩어진 개개인이 가진 불안의 집합체에 지나지 않는 경우가 많다.

'불안의 연대'라고 지적한 벡의 주장은 매우 설득력이 있다. 그러나 그것을 개개인의 인식에만 의거하는 것이 아니라 오히려 운동으로서 전개하려는 사고가 타당하지 않을까 생각해서 이 책에서는 '신사회 운동'에 초점을 맞추어 벡 등이 제시한 성찰적 근대화론에 새로운 논의를 더하였다. 즉 '신사회 운동'이란 위기를 표시하는 시그널이자 민주주의의 민주화의 움직임의 징표로 받아들이고, 제1의 근대의 자성적 근대화로의 전환에 가장 중요한 구실을 담당하는 것으로 받아들인다.

'제2의 근대'의 발생과 그 후 전개되는 사회 현상은 당연히 시각을 달리해서 보지 않으면 안 될 것이다. 그러나 그 양상이 현 단계에는 명확하지 않다. '제2의 근대'에서의 개혁파로도 생각할 수 있는 '제3의 길' 그룹의 정책적인 전망 또한 아직 확실하지가 않다. 그러므로 우선 현 단계에서 전망할 수 있는 과제에 대해서 가능한 한 명확히 해 둘 필요가 있을 것이다.

제2장
'제2의 근대'와 그 쟁점

앞서 근대사회의 자기성찰화에 따라서 '제2의 근대'의 문이 열리게 되었다고 했으나, 근대사회를 구성하는 축 그 자체는 여전히 건재하다. 근대국가가 만들어 놓은 민주주의와 정당제가 소멸하는 것이 아니라, 오히려 민주주의와 정당 시스템에 대하여 새로운 민주화를 요구하는 것이다. 자본주의와 시장주의도 그 원리에 대한 정당성은 잃지 않고, 경영의 새로운 효율화, 공적 기능에 대한 시장 원리의 도입 등이 크게 강조되고 있다. 뒤에 다룰 '새로운 시민사회'는 그 말에 나타나듯이 근대 초기에 성립한 시민사회를 확대재생산한 것이며, 그 원리의 하나인 자발적 결사association도 19세기 초 토크빌Alexis de Tocqueville이 높이 평가한 내용의 새로운 형태이다. 산업주의와 과학주의가 우리들의 생활에서 없어서는 안 될 불가결한 것이며 계속될 것임은 말할 것도 없다.

근대의 자기성찰화에 따라서 사회에 새로운 현상이 나타나 이것이 옛것들에 중첩되어 새로운 구조를 만들고 있다. 제2의 근대가 아직 그 단서만 보이며 움트는 단계에 있기 때문에 확실히 구체화되어 있지 않다. 그러나 시대의 흐름을 객관적으로 성찰하는 것이 현대의 요청이라고 한다면, 그것이 비록 희미한 빛을 발하는 데 그치고 있음에도, 그것을 찾아내어 주시해 볼 필요가 있겠다.

여기서는 정치, 경제, 국제관계, 사회라고 하는 전통적인 분류에 따라서 이러한 현상의 몇 가지를 주목하고자 한다. 이에 대한 서술이 별로 체계적이지 않고 때로 단편적이 될 수도 있겠는데, 그 이유는 현재 드러나고 있는 현상 그 자체의 특성 때문일 것이다.

1. 정치 변용의 양상

하위 정치의 발전

정치는 원래 중앙의 정치를 의미하는 것으로 생각되어

왔고 대의제, 정당제, 관료제는 모두 그 기능을 수행하기 위한 것이었다. 하지만 근대사회 초기 단계에는 사회 안에서 중앙의 의회제 민주주의의 원칙에 따라서 움직이는 부분은 한정적이었으며, 당시의 국가는 야경 국가로 불렸다. 나머지 부분에 관한 결정 권한은 공公의 통제를 받지 않고, 기업이나 과학이 자유롭게 행사할 수 있었다. 이것이 비정치로 불리는 영역이며, 당시는 정치와 비정치로 구분하여 생각하는 것이 가능하였다. 그러나 시대 흐름과 더불어 국가가 경제와 사회에 점차 개입하게 되면서 정치는 자기 책임으로 처리할 수 없는 것에 대한 지원도 감당하지 않으면 안 되는 사회 국가가 되어 갔다.

사회 국가라는 형태의 공적 개입이 한계에 이르고, 다른 면에서 경제적 기술적 발전이 미지의 위험을 초래하게 됨으로써 사태는 다시 변모하였다. 또 한편으로 지금까지 중앙의 정치시스템이 행사해온 결정의 유효 범위가 좁아졌다. 예를 들어, 시민 운동과 사회 운동, 자발적 결사 등이 외부로부터 '입력'이라는 형태로 정치 참여를 하기 시작했고 그에 따라 정치의 경계선이 애매하게 되었다. 다른 면에서는 경제=기술이라는 영역이 비정치의 성격에서 벗어나 새로운 정치로 간주되는 현상이 나타났다. 곧 새로운 사회의 윤곽은 의회의 합의나 행정부의 결정에 따라서 규정된 것이 아니라 오히려 전자공학, 원자로 기술, 유전학 등의 발달에 따라서 결정되었다. 이렇게 하여 벡Ulrich Beck이 말한 것처럼, 정치와 비정치 외에 제3의 정치, 이른바 '서브 폴리틱스sub politics'(하위 정치)라고 하는 범주가 생기게 되었다.

1970년대 말 이데올로기 정치와 이익 정치라고 하는 지금까지의 근대 정치의 형태에 대해서 삶과 생활을 둘러싼 일상의 살아가는 정치학의 시대가 도래한 것을 시사한 정치학자가 있었다(수잔 바쟈). 하위 정치는 실제 현실의 정치와 중복되는 개념이다. '제3의 길'의 주창자 가운데는 기든스A. Giddens와 같이 이것을 생활 정치로 부르는 사람도 있다. 이러한 현상은 뒤에 설명할 새로운 시민사회의 대두와 밀접한 관계가 있다. 확실히 최근에는 예를 들면 사회에서 중요한 결정이 정부보다도 오히려 병원이나 기업의 연구실에서 이루어지는 경우가 많다. 그러한 의미에서 기업의 행동이나 과학=기술에 의한 결정에 수반되는 새로운 정치적 윤리적 측면에 대해 시민사회의 감시가 필요해진다. 최근 들어 중앙 정치에 대한 관심이나 정당 지지가 희박해지고, 정치적 무관심 및 무당파층이 증대하고 있다. 이것은 중앙의 정치와 정당의 역할과 현실의 시민 사회가 담당하는 과제와의 사이에 큰 간극이 있기 때문이지 정치가나 정당인의 개인적 무능만이 그 원인은 아닌 것으로 생각된다.

벡은 다음과 같이 말한다. "정치가는 계획에도 의식에도 없는 길이 어디에 이르는가를 누군가에게 배우지 않으면 안 된다. 그런데 가르치는 사람마저 그 길을 알지 못한 채, 관심과는 별개로, 그것에 따라 얻어지는 것이 있는 만큼만 그곳으로 향하고 있는 것이다. 그런데도 정치가는 알지 못하는 곳을 향하는 그 길을 마치 자신이 발견한 길인 듯이 진보 신앙이라고 하는 진부한 관념에 호소하며 유권자의 관심을 끌지 않으면 안 된다." 이는 어쩌면 현재 일본의 상황을 그대로 묘사하고 있는 것처럼 여겨진다.

이처럼 하위 정치가 기성의 정치보다 우월한 위치에 서게 된다고 한다면 정치의 형태에도 새로운 것이 나타나지 않으면 안 될 것이다. 벡과 같이, 새로운 사회 운동을 하는 시민 단체로 주도권이 이동하여 하위 정치가 활성화하는 것이 바람직하다고 생각하는 사람들이 있다. 동시에 기든스와 같이 새롭게 '도전하는 정당'의 필요를 강조하는 사람도 등장한다. '제3의 길'에서 언급되는 정당의 과제는 도전하는 정당challenge party을 목표로 하는 것이다.

하위 정치의 대상은 복지, 환경, 의료 등 그 지역에 살고 있는 사람들을 위한 것이 많고, 그것은 지역적인 지평에서 드러나는 것들이다. 이렇게 정치의 비중이 사회의 저변을 향하여 이동하고 있기 때문에 자치와 분권이 주요한 과제로서 부각되고 있다. 이것이 '제2의 근대'가 가지는 또 하나의 정치적 특색이다. 예를 들면, 중앙 정부가 고령자에 대해 금전적인 원조를 하고, 시설을 만들어 그들을 입주시키는 것만으로는 문제가 해결되지 않는다는 것이다. 1970년 전후로 지역 복지의 필요성이 강조되고, 지역 안의 개호시스템의 중요성이 강조되어온 것은 삶과 생활을 중심으로 전개되는 생활 정치 또는 하위 정치의 비중이 지역에서 증대하고 있다는 것을 단적으로 보여주는 것이다. 이처럼 시민사회의 영역을 기반으로 하는 정치가 확대 강화되고 있다.

결사 혁명associative revolution

근대의 시민혁명, 특히 프랑스 혁명은 근대 국민국가와 민주주의를 수립하기 위하여 사회가 국가와 개개의 인간

으로만 구성되어야 한다고 생각하고 전근대사회의 계층제
와 계층적 조직인 협동조합cooperation을 분쇄하는 등 중
간 단체의 배제를 내세웠다.

그럼에도 뿌리내린 조직은 존속했다. 그러나 자발적 결
사 없이는 사회가 운영되지 않는다는 점은 토크빌이 자발
적 결사가 활발한 미국 민주주의를 찬양한 것에서도 명확
하게 나타난다.

19세기에 접어들어 조직의 규모는 점차 커지고, 노동조
합이나 기업과 같은 거대 조직이 사회를 압도하게 됨에
따라 행정 영역만이 아니라 기업 안에서도 관료제가 번창
하였다. 압력 단체에서와 같이 결사체에도 이익주의가 침
투하여 결사의 이익집단화가 초래되었다. 공상사회주의자
인 오언Robert Owen, 무정부주의자인 푸르동Pierre-Joseph
Proudhon, 나아가 20세기에 들어서도 정치학자인 라스키
Harold Laski와 콜G.D.H.Cole 등의 자발적 결사를 중시하
는 사람들의 목소리는 더 이상 지배적이 되지 못하였다.
오래 뿌리내린 조합 조직이 강하게 잔존하고 있는 곳에서
는, 포르투갈의 살라자르Antonio de Oliveira Salazar(총리
재임, 1930~1968) 체제에서와 같이, 근대적 기능을 수행
하는 조직을 살리면서, 의회제 민주주의 아래에서 이를 취

하여 바꾸어 보려고 하는 이른바 코포라티즘corperatism
(조합주의) 정치 체제마저 탄생하게 되었다. 거대 조직으로
말미암아 현대의 사회체제가 구성되어 가는 가운데 20세
기 말 새롭게 '결사 혁명'이라고 하는 새로운 사고가 등장
했다. 그 대표적인 학자가 폴 허스트Paul Hirst이다.

그에 따르면 위로부터 복지국가를 만들려고 하는 국가
사회주의와 거기에 대항하는 시장주의는 모두 유토피아로
서, 복지국가는 관료주의를 횡행하게 만들고, 시장주의는
사회제도를 파괴한다. 곧 그는 지나친 집단주의도 지나친
개인주의도 부정하고, 그 대신 새로운 시대의 결사 혁명
을 주장한다. 여기서 결사체란 의료와 복지, 생활 향상
등 구체적 기능을 행사하기 위하여 자발적으로 결성되어
민주주의적으로 자율 통치하는 조직이다. 결사 혁명은 개
인의 자유를 우선하지만, 그 개인은 동료와 협동할 때만
이 비로소 효과적인 행동을 할 수 있다고 말한다.

사회적 기능은 가능한 한 국가로부터 결사체로 이전해
야만 하고, 그래야만 개인의 선택과 집단주의에 따라 공
적 공급을 연결할 수 있다. 그렇게 될 때 가난한 사람들
이 시민사회를 만들기 위한 행동주의와 협동 행위를 제
공하는 것이 가능해진다. 지금까지 노동당 등의 사회 민

주주의자들은 지나치게 국가에 의존함으로써 시민사회 안에서 사회주의를 구축한다는 정신을 상실하고 말았다고 비판받고 있다. 나아가 그들은 분권과 자치의 필요성을 강조하면서 급진적 민주주의의 주창자인 무프Chantal Mouffe와 월쳐Michael Walzer 등이 이 점을 무시한다고 비판한다.

여기서 말하는 자발적 결사는 기성 조직을 파괴하려고 하는 것이 아니며, 현존하는 정체된 조직을 보완하는 것이지, 그것을 완전히 대신하는 것도 아니다. 이것이 기존의 결사론과 다른 점이다. 그러나 그러한 스타일과 정신이 기성 조직에 침투하게 되면 그 모습이 바뀌게 된다. 그러한 의미에서 자발적 결사체는 사회를 조직하기 위한 주요한 요소이므로 결코 부차적인 것이 아니다. 오히려 국가가 2차적인 것이라 할 수 있다. 그리고 그 결사 혁명에 의해서 자유로운 민주주의가 비로소 정통성을 회복한다는 것이다.

이러한 사고의 연장선에서 사회 운영에 대해 노동자와 주주가 더 강한 발언권을 행사해야 하며, 동시에 국가의 역할은 제한하여 분권적 연방제가 되어야 한다고 주장한다. 즉 이 모든 내용은 '작은 것이 창조적이다small is creative'라는 발상에 근거하고 있다.

결사 혁명은 새로운 시민사회론과 밀접한 관계를 가지며, 현대사회가 해체되어 갈 때, 사회적 연대의 형성을 중시하는 사회자본론에서도 중심적 논제이다. 또한 근대 사회의 초기에 자발적 결사의 필요를 주창한 토크빌의 부활이라고 하는 의미에서 이러한 주장을 하는 사람을 신토크빌파로 부르기도 한다, 일찍부터 사회주의자로서 신토크빌주의를 주장한 사람도 적지 않았는데, 허스트 자신도 그 가운데 한 사람이다. 과연 사회주의가 '사회'주의 Social-ism로 이행 하는 것이 가능할까.

가능하다 하더라도 실제로 기존의 거대 조직은 점차 느슨해지고 있고, 기업의 세계에서도 벤처 비지니스의 필요가 강조되고 있으며, 사회 운동의 영역에서는 시민 이니셔티브와 같이 자발성에 바탕을 둔 개인 사이의 유대에 중점을 두고 있다. 그리고 무엇보다도 NPO〔non-profit organization, 비영리조직〕이나 NGO〔non-governmental organization, 비정부조직〕의 눈부신 활약은 결사 혁명이 마침내 현실화 된 것을 보여주고 있다. 이제 결사혁명은 더 이상 학자들의 담론에만 머무르지 않고 현실에서 현재 진행의 과정이 되었다.

현대사회의 유목민(노마드)

　신사회 운동이 '제2의 근대'의 도래를 알리는 시그널이 되었다는 것은 이미 상세히 설명했다. 이것은 체제의 변혁을 목표로 하는 혁명 운동도 아니었고, '빈곤의 연대'로 단결된 노동 운동도 아니었으며, 뿔뿔이 흩어진 개인의 단순한 집합체인 군중도 아니었다. 과도한 실력 행사로 말미암아 명확하게 위법성을 나타내지 않는 범위에서 이러한 신사회 운동은 정당성을 가진다. 흩어진 개인 사이의 연대를 형성하고, 사람들 사이에 사회화의 싹을 키우고, 또한 적극적인 사회참여의 기풍을 만든다는 점에서 이것은 민주주의에서 긍정적인 의미를 부여하는 것이다. 그러한 의미에서 '민주주의의 주요 자본'이라 할 수 있다.

　'제2의 근대'의 사회 운동은 그 이상의 구조적 특징을 가진다. 그것을 이해해야 '제2의 근대'의 정치적 특질을 알 수 있다. 그 점을 밝히고자 독특한 견해를 전개해온 이탈리아의 사회학자 멜루치A. Melucci의 주장에 귀를 기울이는 것이 현명할 것이다. 그는 신사회 운동의 성격을 다음과 같이 말한다.

　우선, 결사 운동의 존재 이유에 대해서이다. 신사회 운동은 국가 권력을 장악하는가 또는 못하는가의 문제가 아니고, 무엇인가 명확한 결과를 얻기 위한 것도 아니다. 그것은 오히려 사회에서 권력 관계를 폭로하는 것, 즉 권력의 양상을 가시화 하는 것에 목표가 있다. 지금까지 운동은 정치에 대해서 직접적으로 저항하는 것이었지만, 여기서는 메시지를 전달하는 것에 주력한다. 그러한 의미에서는 현대의 예언자인 셈이다. 중요한 것은 운동의 조직 자체가 아니라 운동이 나타내는 기호와 언어이며, 그러한 점에서 문화적 의의를 가지고 있다. 따라서 정치는 그 운동을 그대로 받아들이는 것이 아니라 그것이 전하려는 메시지를 이해하는 것이 중요하게 된다.

둘째, 운동을 구성하는 사람의 문제이다. 단적으로 말해서 운동 주체는 개인화되어 있고, 스스로 아이덴티티를 추구하는 경향이 강하다. 지금까지 근대사회에서는 인간은 외부 자연에 맞서서 활동함으로써 진보가 완성된다고 생각해 왔다. 실제로 그로 말미암아 생산력을 증가시킬 수 있었지만, 현재의 사람들은 내적 자연을 통해서 일한다. 곧 자신의 행위를 반성하고, 자기 자신의 생애의 보람과 자기 자신을 되돌리는 능력을 추구하게 되었다. 이른바 자기실현이다. 따라서 운동하는 자는 어떤 계획이나 비전은 가지지 않고, '현재를 사는 유목민(노마드)'이 된다.

운동은 어떤 사물을 얻기 위한 수단이 아니라 그 자체가 자기표명적이다. 그것을 실행하는 자체가 자신에게서 의미를 가지는 것이다. 이 사회에서 민주주의는 정치적 자원을 획득하는 경쟁이 아니라, 개인이나 사회 집단이 스스로를 대변할 수 있는 상황과 그대로 그 자체를 받아들일 수 있는 상황을 원한다. 따라서 운동을 정합적인 실체로서 생각하는 것은 잘못된 것이다. 사회의 다양한 이해가 가지는 통일성과 균질성은 자주 무산되어 버린다. 그에 따라서 행동의 대상도 바로 이동해 버린다.

셋째, 운동의 양상에 관한 문제이다. 이것은 곧 가시성과 잠재성 사이의 문제이다. 운동은 물론 동원에 따라 성립하지만, 가시적인 동원의 수면 아래 불가시적인 네트워크가 잠재해 있어 이것이 분쟁 시 표면에 등장하여 가시화되어지는 것이다. 가령, 여성과 청년, 에콜로지스트들의 운동을 보면 그 수면 밑의 네트워크 및 대항문화의 존재를 생각하지 않고서는 대규모 동원이 되는 실태를 파악할 수 없다. 그 네트워크는 분산되고, 원자화되고, 섹터나 감정적 그룹으로 분열할 가능성이 있다. 하지만 이것이 지배적 코드에 도전하는 능력을 시험하기 위한 실험실이라는 것은 변함없다. 따라서 가시적인 부분만을 보게 되면 전체를 이해할 수 없고, 가시적 부분이 정치화하고 있다고 해서 그것을 바로 잡아내려고 한다든가 기성세력 안에 조직화하려고 하면 실패하지 않을 수 없다.

넷째, 정치적 성격의 문제이다. 이미 설명한대로, 운동(=집합 행위)과 정치와의 관계는 희박해지고 있다. 집합 행위에 대한 관심은 정치와의 연관성보다도 일상생활이나 개개인 사이의 관계, 시간과 공간에 대한 새로운 인식을 통해 발생한다. 이런 점에서도 집합 행위가 정당이나 정책과 같은 정치적 매개에 의해 표현되기는 어렵다. 그것은 일상생활의 경험에 자리 잡은 것이기 때문에 정치에 앞서는 전前정치적 차원이며, 정치 세력이 온전히 그 행위를 대표할 수 없기 때문에 초超정치적이다. 다만 운동이 내놓는 요구 및 선호를 취할 수 있도록 정치에 대한 잠정적인 임시적 대표성이 요구되어 진다. 이 점에서 정책을 형성하는 역량이 있는 전문가적인 정치집단이 필요하게 된다.

멜루치의 시각과 서술은 매우 독특한 것이므로 여기서는 그것을 알기 쉽게 정리하는 것에 머물렀다. 멜루치는 신사회 운동을 제2의 근대의 시그널로서 받아들인다 해도 그것을 전통적인 시각으로 보는 것은 위험하다는 점을 지적하고 있다. 자기실현파의 등장, 그들 사이에 드러나지는 않지만 견고한 네트워크, 일상생활과 삶에 대한 관심, 근대를 지배하여온 시간과 공간의 시각에 대한 불신, 그리고 정치에 대한 메시지를 발신하지만 정치에 대한 냉정한 자세를 견지하는 것에서 새로운 시대가 밀려오는 것을 느끼게 된다.

2. 경제 변용의 양상

완전고용의 파탄

우선 경제 세계의 고용면에서 지금까지 산업사회의 근본을 흔드는 문제가 발생하고 있다. '제1의 근대'의 발전 끝에 제2차 세계대전 후의 선진 자본국가에서는 거의 완전고용을 달성하였고, 그것이 자본주의의 부활에 큰 영향을 미쳤다. 그러나 고도성장이 끝나고 석유 쇼크와 글로벌리제이션이 진행되면서 그 완전고용 시스템이 붕괴되고 있다. 기업의 실적이 올라가고, 성장률이 약간 회복하고 있다고는 해도 다른 면에서 인원 정리가 진행되고 있기 때문에 실업자의 수는 늘어나고, 뒤를 이어 중소기업의 도산이 발생하고 있다. 석유 쇼크 이전에는, 순환적 불황의 해에는 실업자가 늘어나더라도 금방 회복되었지만 석유 쇼크 이후에는 계속해서 실업자가 늘어나고 있다. 재정지출의 증가도 적자만 늘릴 뿐 효과가 없고, 일본 고유의 종신고용제 조차도 붕괴하려고 하고 있다. 구체적 이유야 어떻든 구조적인 문제임에 틀림없다. 이에 대처하기 위한 시나리오는 여러 가지가 있지만, 그 효과는 보증되지 않는다. 완전고용의 붕괴는 그야말로 '제2의 근대'의 특질이다.

따라서 성장은 끝나고, 고용은 중대한 정치문제가 되었다. 더욱이 지금까지와 같은 상품의 생산과는 상이한 복지, 환경, 교육, 보육, 지역 생활, 문화 등의 분야에서의 고용이 중시되고 있다. 또한 NPO와 같은 비영리적 기업이 소규모이지만 지역마다 설립되어 거기서 새로운 고용이 창출되고 있다. 전 산업에서 NPO가 차지하는 비율은 더 증가할 것으로 전망된다. 그렇게 되지 않는 한 지역은 문이 다 닫힌 상가, 이른바 유령의 길이 되어 점점 쇠락해 갈 것이다. 이런 현상은 이미 일본에서 흔히 접하는 풍경이다. 그러나 대량생산과 성장 신화에 익숙해 있는 사람들은 이러한 상황의 중요성을 충분히 이해하고 있지 못하고 있는 것 같다.

　이러한 사태에 대해서 일자리 나누기work-sharing 등의 부족한 일자리를 서로 나누는 시도가 이루어지고 있다. 노동 시간을 줄여서 그만큼 새로운 고용을 늘이는 방법은 유럽 대륙에서 시험되고 있지만, 시간 단축 또는 고령자 조기 퇴직제에 따른 일자리 나누기의 효과에 대해서는 아직 논란이 있다.

　이러한 일자리 나누기와는 다른 또 하나의 방법을 채용한 것이 네덜란드 모델 또는 폴더polder 모델로 불리는 것이다(네덜란드가 폴더라고 하는 해면보다 낮은 간척매립지에 의해 형성된 국가라서 그렇게 부른다). 이는 '임시직 혁명'을 기본으로 한다.

　지금까지는 임시직 노동(파트타임 노동)을 정규직 노동(풀타임 노동)으로 전환하는 것이 세계 노동 조합의 기본 방침이다. 그런데 네덜란드에서 조사를 한 결과 정규직 노동자는 시간 단축을 희망하고, 임시직 노동자는 조금 더 길게 일하기를 바라지만 임시직 노동을 유지하고 싶어 한다는 것을 알 수 있었다. 더욱이 노동자는 다양한 고용 형태를 바라며 하나의 직장에 묶이지 않고 다양한 일의 기회를 가지기를 원하고 있었다. 물론 정규직 노동과 임시직의 노동 사이에 차별이 있다면 이러한 요구는 실현될 수 없는 것이었다.

그들은 우선 정규직 노동이건 임시직 노동이건 단위당 노동 시간의 임금은 똑같이 하고, 또한 연금 수급 등의 조건에 대해서도 정규직과 임시직 간의 차별을 없앴다. 노동자는 자신의 필요에 부응해서 다양한 방식으로 일을 선택할 수 있다. 예를 들어, 육아 및 개호에 전념하고 싶을 때에는 임시직을 선택하면 된다. 이것이 파트타임 혁명이다.

그리하여 네덜란드의 노동자들은 다음과 같은 세 가지 방식 가운데 자유롭게 선택하여 일하게 된다. ① 주 36시간~38시간 노동에 연휴 2일 동안의 '풀타임 노동', ② 주 30시간~35시간에 연휴 3일 동안의 '완전 파트타임 노동', ③ 주 약 20시간의 '하프 파트타임 노동'으로서 그 밖에 경우에 따라 일하는 유연한 노동이 있다. 이처럼 네덜란드 사람들은 자신의 필요에 맞춰 일의 방식을 선택할 수 있게 되었다.

그 결과 네덜란드형의 맞벌이 가족이 등장했다. 이것을 '1.5인'형 맞벌이라고 부른다. 종래의 부부 맞벌이는 '2.0인'형을 추구하여 왔지만, 네덜란드에서는 부부가 1.5

인의 소득을 벌고 남는 시간을 볼런티어 활동 또는 여가 등 노동 이외의 시간에 쓰고자 하는, 생활 우선의 삶의 방식이 생기게 되었다. 가족과 함께 지내는 시간도 늘어났다. 다만 파트 타임제를 보급시키기 위해서는 강한 노동조합의 감시가 있어야지 그렇지 않으면 차별을 증대시키는 결과가 초래되기 쉽다. 하지만 완전고용이 불가능하게 되고 삶과 생활을 존중하는 새로운 시대에는 이것은 충분히 의미 있는 제도일 것이다. 그 때문에 그 제도를 배우기 위해서 네덜란드를 방문하는 사람들이 쇄도하고 있다고 한다.

시민노동

네덜란드 모델의 '1.5인'형의 맞벌이 모델의 이점은 일자리 나누기로서만이 아니라 남은 시간을 자유롭게 사용할 수 있다는 점이다. 벡이 네덜란드 모델을 추천하는 것은 이 점 때문이다. 벡은 직업에 익숙해진 시점에 다른 차원의 공공 복지사업을 위하여 자발적으로 일하는 것을 '시민노동'이라 하며, 이것은 완전고용체제가 무너지고 위로부터 복지국가가 한계에 이른 오늘날의 사회를 위해 중요한 몫을 담당할 것이라고 한다. 고용노동은 사회의 기본으로서 여전히 중요하지만 그것만이 유일한 노동은 아니다. 이러한 시민노동으로 말미암아 실업이 줄고, 복지 국가의 부담이 줄어들 뿐만 아니라, 인간 자체가 해방된다. 또한 시민노동은 자아실현과 타자를 위한 존재라고 하는 개념을 연결하는 것으로서 그러한 의미에서는 실험적이며 혁신적인 문화를 만드는 데에도 공헌한다.

벡에 따르면, 노동에는 노동의 대가를 지불받는 것 entlohnen과 격려를 받는 것belohnen의 두 가지가 있다. 노동 시간에 따라 노동을 팔고 임금을 받는 것이 전자라고 한다면, 금전적인 대가를 필요조건으로 하지 않고 그에 대한 감사 인사를 받는 노동이 후자이다. 그러나 돈이 지불되고paid, 지불되지 않고non-paid가 유일한 기준은 아니다. 시민노동도 금전적 지불을 받는 경우가 많지만, 그것은 반드시 노동의 대가는 아니다. 문제는 노동을 팔 것인가, 자발적으로 타자 혹은 공공을 위해 일할 것인가의 차이에 있다.

이렇게 말하면 약간 유토피아적으로 생각될 수도 있다. 근대 이전의 사회에서 인간은 생존을 유지하기 위해서 일하였기 때문에, 생활을 위해 필요한 물건을 일단 손에 넣고 나서는 노동을 그만두었다. 지역에 따라서는 노동을 생활 전체의 중심에 두고, 그것을 문화적인 것으로 일체화한다. 예를 들면, 농작에 미美의 요소를 넣어 그것을 서로 경쟁하는 곳이 있다고 한다면 적어도 노동이 인간의 본질이라는 생각은 아니다.

자본주의적인 상품교환의 시대에 들어서 노동의 필요성이 높아지고, 근면의 시대에 접어든다. 프로테스탄트의 금욕의 윤리는 여기에 공헌하였고, 근로는 신에 대한 봉사였다. 신으로 향한 충만함을 위해서라는 점에서 일하는 것에 큰 의미가 있었다. 산업사회의 초기에는 노동 조건이 열악하여 그것을 개선하기 위한 노동 운동이 일어났다. 그들은 임금의 향상과 노동 시간의 단축을 위하여 투쟁해 차츰 개선해 갔다. 그러면서 고용노동과 임금노동은 사회생활을 운영하면서 중심 가치를 가지게 되어 직업을 잃어버리는 것은 인간으로서의 가치를 잃어버리는 것과 동일시되었다. 결국 완전고용이 시대의 가장 중요한 과제가 되었고 제2차 대전 후에 완전고용은 거의 실현되었다. 이처럼 임금노동과 고용노동은 근대사회의 창조물이므로 역사적으로 본다면 그것이 반드시 인간에게도 유일한 노동의 형태는 아니었다.

현재 사회의 변용과 함께 근대의 노동가치의 체계가

무너지고 있다. 인간사회에는 여러 형태의 노동이 있으며, 사람들은 다채로운 노동을 경험할 수 있고 동시에 그렇게 하지 않을 수 없게 되었다. 이것이 시민노동이 등장한 배경이 된다.

시민노동은 공공의 복지를 위하여 일하는 것이기 때문에 그 기초 비용은 실업 보험기준과 생활보호비에서 지불된다. 그 밖의 비용 출처로서는 지방자치체와 기업으로부터의 자금이 있으며, 여기에 시민노동 자체가 획득하는 수입이 추가된다. 또한 시민노동을 하는 사람은 실업보험기준 등 급여금을 받지만, 실업자나 생활보호 수급자로 인식되어서는 안 된다. 유치원에 어린이를 무료로 보낼 수 있는 등 여러 가지 보장도 얻을 수 있다.

시민노동을 탁상공론으로 끝내지 않기 위해서 독일에서는 여러 가지 시행 방안이 고안되고 있다. 행정 기관이나 복지 단체의 관할에서 독립한 '공공복지 기업가'가 자발적 참가자를 조직하고 '시민노동을 위한 지역 위원회'가 그 활동을 심사·평가하는 방안이 제안되었다. 이 시민노동의 제안은 독일의 바이에른 주와 작센 주에서 기간한정의 모델 프로젝트로서 이미 실험에 옮겨졌다.

시민노동은 국가에 따라 여러 가지 형태가 있을 수 있

지만, 종래의 볼런티어 활동과는 다른 새로운 노동의 형태
로서 등장한다는 점에서 시대의 새로운 조류라고 하겠다.

기초소득 또는 시민소득

근대의 변용과 함께 완전고용이 한계에 이르고, 근로소
득이 감소하였기 때문에 재정자금의 조달에도 한계가 발
생하고, 노동 운동이 약화되면서 조직 노동자의 요구에
따른 사회적 공정성을 유지하는 것도 어렵게 되었다. 하
지만, 다른 면에서 자유로운 복지사회의 사상은 퍼져간다.
이 딜레마를 극복하기 위한 한 가지 방법으로서 새로운
'기초소득'이라고 하는 구상이 등장하였다.

기초소득 구상이라는 것은 취업의 유무, 재산의 유무를
묻지 않고, 모든 개인에 대해서 가계 조사 없이 기초적
필요를 충족할 만큼의 소득을 보장한다는 제도이다. 이
구상의 기원은 18세기의 영국의 사상가 토마스 페인
Thomas Paine으로까지 이어지고, 제도로서는 임금에 추
가하여 보조금을 제공한 1795년의 영국의 스피남랜드
Spenhamland 제도(1795~1834, 영국의 구민법)로까지 거슬
러 올라간다. 현재와 같은 기초소득론이 등장한 것은
1984년에 영국에서 기초소득 연구 그룹(1992년에 시민소득

88

연구 그룹으로 명칭 변경)이 조직된 이후부터이다.

이 기초소득 구상은 사회보장 급여(현금이나 사회보험에 의한) 이후의 현금 급여 부분을 모두 기초소득으로 대신하여 그 재원을 근로소득에 대한 비례 과세, 각종 소득공제의 폐지, 소비세 외의 과세 등에 의해서 얻는 것이다. 비슷한 구상으로서는 급여에 사회참여 조건을 붙인 참가소득제, 생산 수단을 사회적 소유와 연결한 사회배당제 등이 있다. 이 구상은 각각 이데올로기적 입장에 차이가 있다. 프리드만Milton Friedman이나 하이에크Friedrich August von Hayek와 같은 시장지상주의의 우파에서부터 사회주의자, 페미니스트, 에콜로지스트에 이르기까지 광범위한 층의 지지를 얻고 있다는 점에서 실현가능성이 그리 낮지만은 않다.

1990년대에 들어 유럽 선진 여러 나라에서는 이에 대해서 활발한 논의가 이루어져, 정당차원에서는 특히 녹색당을 중심으로 좌파 지지자가 많고, 선거 때마다 기초소득제 도입 제안이 이루어지게 되었다. 기초소득제는 완전 기초소득제, 부분 기초소득제 등 다양하지만, 네덜란드에서는 자녀급여금, 학생장학금, 부금 없는 기초연금이 가계 조사 없이 주어지고 있다. 또한, 알래스카 주에서는 주 소유의 석유로부터 얻은 수익으로 기금을 만들어 그 이자의 일부를 1992년 이후 모두 알래스카 주민에게 배분하고, 1998년부터는 1인당 1,500달러의 배당이 이루어지고 있다.

이 기초소득이 '시민소득'으로 명칭이 변경된 것은 이것이 가계조사 없이 한 사람 한 사람 모든 시민에게 빠짐없이 평등하게 주어지기 때문이다. 이는 시민사회 위에 바탕을 둔 복지 구상으로서 독창적인 제도이다. 그러나 프랑스의 사상가 고르츠A. Gortz가 비판하듯이, '시민소득'은 저임금과 실업을 면죄시켜 줄 가능성이 있다. 이런 점에서 제도에만 의존할 것이 아니라, 엄격한 최저임금제와 병행해 갈 필요도 있어서 완결된 제도는 아니다. 앞서 말한 허스트와 같은 결사 혁명의 주창자는 이 제도가 '결사주의적 복지제도'를 실현하기 위해서는 필수적인 것이며, 시민은 이 제도에 따라서 좋아하는 일을 자유롭게 선택할 수가 있다고 강조한다. 이 제도가 인간을 태만하게 한다는 주장에 대한 반론은 '시민사회 안에서 사회주의를'이라고 하는 허스트의 주장을 뒷받침하는 것이다.

마지막으로 이 구상은 사상가들의 반대는 적었다고 하더라도 현실의 재정 상황에서는 유토피아에 가깝다는 지적이 있다. 하지만, 선진 여러 나라의 고도의 사회보장과 후한 연금 시스템을 생각한다면 그다지 곤란한 것은 아니라고 할 수도 있다. 영국의 예를 들면, 2003년 시점에 약 808억 파운드의 사회보장비가 지출되고 있다. 1인당 주 28파운드가 되지만, 여기에 각종 행정비용, 소득공제에 할애된 수입을 더하면 1,518억 파운드가 되어 1인당 주 53파운드가 된다. 곧 지금까지 재정 그대로 하더라도 제도를 바꾸면 주 53파운드의 기초소득을 지급할 수 있게 된다. 아일랜드의 기초소득을 계산한 학자도 성인 70아일랜드파운드, 어린이 21아일랜드파운드의 기초소득을 지급하는 것은 세율 44~48퍼센트에서 가능하다고 보고하고 있다. 어떤 것이든 실현 불가능할 정도의 혁명적인 구상은 아니다. 따라서 이것은 '제2의 근대'의 가장 큰 특징적 제도의 한 가지가 될지도 모른다.

그 밖에 '돈이지만 돈이 아닌' 지역 통화의 발행이 나타나고 있다. 홋카이도 쿠리야마쵸栗山町의 '크린'과 같이, 자신들의 손으로 만들어 일정한 지역에서만 유통되며 이자가 붙지 않는 돈인 지역통화를 발행하여 지역 경제의 활성화와 동시에 지역 커뮤니티의 강화를 이루었다. 가나가와현 야마토시大和市의 Loves와 같이 지역통화를 행정

부처 자체에서 발행하는 곳도 등장하고 있다. 이것을 근대의 통화제도에 대한 하나의 도전이며, 국가에 대해서 지역의 자립을 주장하고 있는 것이라 생각하면 이것도 새로운 경제=사회 현상이라고 생각할 수 있지만, 아직 그 장래성을 예측할 수 없기 때문에 여기서 구체적으로는 다루지 않도록 한다.

3. 지구화의 임팩트

글로벌리제이션

근대의 변용을 더욱 명확히 한 것으로서 지구화, 글로벌리제이션이 있다. 글로벌리제이션을 진행함에 따라 현실에서 각종 문제가 발생하기 때문에 이 개념에는 여러 가지 가치 판단이 따르고, 그 결과 이 용어의 사용법이 약간 애매해지고 있다. 글로벌리제이션은 현실의 변화의 과정을 나타내는 용어로서 글로벌리즘과 같이 어떤 사상이나 이데올로기를 나타내는 것이 아니다.

글로벌리제이션은 첫째, 되돌릴 수 없는 현상으로서 이 경향을 되돌릴 수는 없다. 이 현상은 이전에도 국제화로서 존재하였으므로 반드시 새로운 현상은 아니라고 할 수도 있다. 그러나 국제화라고 하는 것은 국가와 국가의 관계를 기초로 하는 것이므로 국가를 부분적으로 융해시키면서 진행되는 글로벌리제이션과는 전혀 다르다.

둘째, 이 현상은 다차원적인 것으로서 경제, 정치, 사회, 문화 등의 여러 영역에 병행 또는 제 영역과 교차하면서 진행하는 것이다. 또한 각각의 영역에서도 일원적인 지배는 이루어지지 않고, 예를 들면 글로벌화와 로컬화가 중첩하듯이 다차원적이다. 이렇게 다차원적 현상으로서 사태가 진행되기 때문에 그 흐름이 되돌릴 수 없는 것이라고 할 수 있다.

이러한 다차원적 현상을 더 구체적으로 관찰해 보자. 우선 첫째, 글로벌리제이션을 경제적으로 보면, 경제·금융의 국제적 네트워크가 생겨나 거기에 수반하여 노동도 유동화한다. 그 점에 대해서 전조로 나타난 것이 다국적 기업의 활약이었다. 경제적 글로벌리제이션은 순수한 경제적 현상으로서만이 아니라, 맥도날드나 애니메이션, 음악 등의 문화산업에서도 나타나, 각 지역의 문화의 변용과 반발을 일으킬 정도의 큰 영향력을 가지고 있다.

둘째, 이와 밀접하게 연결되어 있는 것이 정보혁명이

다. 물건의 산업혁명에 이어서 정보산업의 시대가 오면서 이미 예견되었듯이, 정보 기기의 급속한 발전에 따라서 상상을 뛰어 넘은 혁명이 일어나고 있다. 인터넷에 접속하면 지역은 물론 국경을 넘어 세계가 무한히 넓어진다. 현재 언어의 차이 외에 장벽이 되는 것은 없는 것으로 여겨진다.

셋째, 다중심적인 세계 정치가 대두하고, 국가를 뛰어 넘은 국제 조직이 양국 간, 다국 간, 지구 규모로 여러 차원에서 조직될 뿐만 아니라 NGO, 기업을 포함한 글로벌 거버넌스의 구조도 만들어져 있다. 또한 자치체 외교도 활발하게 되어 그러한 의미에서는 글로벌리제이션과 로컬리제이션이 통합된 글로컬리제이션의 측면에 주목하지 않으면 안 된다. 정치 역시 글로벌리제이션 아래 문자 그대로 다차원적으로 되어가는 것이다.

이러한 흐름이 강화됨에 따라 전반적으로 여러 가지의 파급 효과가 발생하는 것은 당연하다. 예를 들면, 인권문제도 지구화되면서, 그것이 인류 보편적 요구가 되었다. 한 국가에서는 인정되는 것이 다른 나라에서는 인정되지 않는다면 그것은 글로벌리제이션의 시대에서 부자연스러울 것이기 때문이다.

이러한 긍정적 발전의 이면에는 여러 가지 부정적 현상도 나타난다. 남북 격차는 확대되고, 세계 인구 가운데 최상의 부유층 20퍼센트와 최하의 극빈층 20퍼센트 사이의 소득 격차는 1960년에는 30배였지만, 1995년에는 74배가 되었다. 지구의 환경 파괴가 진행되어 지구 온난화와 같은 위험이 확대되면서, 위험사회는 문자 그대로 세계적 위험사회가 되었다.

이상과 같이 글로벌리제이션은 좋건 싫건 간에 엄연히 객관적 프로세스로서 진행되는데, 이에 대한 반응은 국가 또는 문화에 따라 다르다. 국가와 같은 폐쇄된 공간은 그 폐쇄정도의 강약이나 내부의 다차원성이냐 아니냐에 따라서 그것이 받는 쇼크의 정도가 다르다. 요컨대, 국가 내부에 다문화주의를 내포하여 배타성이 적은 곳에서는 글로벌리제이션이 연착륙할 가능성이 높다. 그러나 이 객관적인 프로세스로서의 글로벌리제이션의 모습 자체가 문제가 아니라, 이 프로세스를 진행하는 이데올로기의 여하에 따라 사태의 방향이 정해지는 경우가 많다.

지금까지 살펴본 대로 글로벌리제이션과 글로벌리즘은 다르다. 여기서 사상으로서의 글로벌리즘에 대해서 잠시 생각해볼 필요가 있다.

글로벌리즘

글로벌리즘은 말하자면 신자유주의에 따른 세계시장 지배의 이데올로기이다. 이것은 시장중심적인 경제 원칙을 지구사회 전체에 관철시켜, 최대의 이익을 획득하고자 하는 것으로서 자신들이 만든 기준, 예를 들면, 아메리칸 스탠다드를 전 세계에 강요하는 것이다. 그 결과 글로벌리즘은 지구상의 격차를 더욱 가속시킨다. 또한 경제적 글로벌리즘의 입장에서 지구 온난화에 대한 시정 노력에 저항하고, 세계의 위험사회화를 한층 진행시킨다. 나아가 경우에 따라서는 정치행동을 대체하는 기능을 가지기도 한다. 신자유주의의 원칙을 관통함으로써, 그대로라면 자국의 정치에 의해서 이루어질 변혁이 외부의 자본에 힘으로 이루어지는 사태도 이미 여러 곳에서 발생하고 있다. 라틴 아메리카나 동남아시아에서 보이듯이, 세계 자본에 따라서 한두 개의 발전도상국을 붕괴시키는 것은 간단한 일이다.

사상으로서의 글로벌리즘은 지금까지 세계자본의 그것, 즉 오로지 경제적인 주의ism라고 생각되어 왔지만, 2001년 9.11 사건 이래 미국의 단일 행동주의가 강화되어 자기의 주의주장을 군사력에 따라 강요하려고 하는 이른바 정치적 글로벌리즘이 판을 치게 되었다. 사회주의의 붕괴에 따라서 군사력은 미국이 독점하였고, 미국은 세계의 경찰과도 같이 군림하고 있다. 자신의 마음에 들지 않은 것을 '악의 축'이라고 규정하고 정당한 이유도 없이 국경을 넘어 침입하고, 그 국가의 정치 체제를 붕괴시킨다. 미국이 일으킨 이라크 전쟁은 정치적 글로벌리즘의 전형적인 예이다.

이러한 경제적, 정치적 글로벌리즘이 활개치게 되면 당연히 그에 대한 반글로벌리즘이 등장하게 된다. 글로벌리즘에 반대하는 NGO와 그들을 지지하는 민중이 모여, 세계무역기구(WTO)및 서미트(정상회담)에 항의 활동을 벌이고 있다. 2001년 이탈리아의 제네바에서 개최된 서미트에 대한 항의 행동에서 사망자를 낸 것이 기억에 새롭다. 글로벌리즘이 세력을 펼치면 펼칠수록 반글로벌리즘 활동도 활발해진다.

앞서 말한 바와 같이 글로벌리즘과 글로벌리제이션과는 구별해서 생각해야 하는 문제이지만, 프로세스로서의 글로벌리제이션의 기본적 흐름에 대해서도 저항이 발생한다. 글로벌리제이션은 인구와 노동의 유동화를 가능하게 했지만, 거기에 반발하는 그룹은 이민이나 입국 외국인에 대해서 강한 증오를 느끼며 이민 배제를 슬로건으로 하는 포퓰리즘 우익의 운동을 활성화하고 있다. 이 점은 뒤에 더 구체적으로 말하겠지만, 이것 역시 '제2의 근대'의 특징적 현상이다.

이와 같이 반글로벌리즘은 여러 가지 형태를 갖추고 격렬하게 진행된다. 글로벌리즘에 반대하고 글로벌리제이션의 부정적인 측면에 대항해 가면서 또 다른 글로벌리제이션으로 향하려고 하는 긍정적인 운동도 있다.

예를 들면, 맥도널드의 유럽 진출은 프랑스 농민의 분노를 불러일으키고, 점포에 불을 지르는 등의 과격한 운동을 일으켰다. 그러나 이탈리아의 슬로우 푸드 운동은 맥도널드의 로마 진출을 계기로 이탈리아 북부에서 일어난 하나의 문화운동이지만, 이것은 현지의 토착 자연 식재료를 중요시하고 식사를 천천히 즐기는 운동이다. 이 운동이 발생하게 된 빌미가 어떠하였건 간에 슬로우 푸드 운동은 긍정적인 것으로서 지구 곳곳에 조용히 침투하고 있다.

반글로벌리즘과 다르게 새롭게 글로벌 네트워크를 형성하려는 더 명확한 운동도 여러 영역에서 시도되어 큰 영향력을 가지지 시작하였다. 유전자 조작 식품에 반대하는

소비자 운동, 지구 온난화를 방지하는 에콜로지 운동 등 지구 차원에서 연대의 움직임은 그 좋은 예이다. 이러한 또 하나의 글로벌리제이션을 목표로 한 적극적인 운동을 반글로벌리즘과 구별하여 여기서는 카운터 글로벌리제이션으로 부르기로 한다(遠藤誠治의 《グローバリゼーションとは何か》 참고). 이러한 카운터 글로벌리제이션이 지속되면서 지구 시민이 탄생하게 되었다.

다문화주의

글로벌리제이션이 다차원의 것을 내부에 포함하고 있는 것임에도 불구하고, 글로벌리즘은 거꾸로 일원주의적 지배를 생각하고 있다는 큰 모순이 있다. 글로벌리제이션에서 발생하는 문제를 쉽게 해결하지 못할 경우에는 거꾸로 일원주의에 의존하는 사태가 일어날 수 있는 것이다. 이를 막기 위해서 글로벌리즘을 억제하고, 카운터 글로벌리제이션을 추진하고자 하는 새로운 사상과 정책이 필요해질 것이며 그 싹은 이미 현실로 나타나고 있다.

근래 호주와 캐나다가 모델 국가로서 주목을 받았던 것은 이들 국가가 다문화주의의 원칙을 차용하고 있기 때문이다. 호주는 원래 백인 이외의 인종을 배척하는 백호주의 국가였지만, 1970년대 후반부터 다문화 국가로 이행하여 선주민 우호정책을 취한다거나, 인종·민족성ethnicity을 기준으로 한 차별을 법적으로 금지하고 있다. 또한 캐나다는 영국계, 프랑스계의 이문화주의의 전통을 가지고 있었는데, 다문화주의는 그것에 대항하는 용어로서 사용되기 시작되면서, 1971년 '양대 언어주의의 틀 안에서 다문화주의'를 선언한 이래 다문화주의의 선진국이 되었다. 이제 호주는 더 이상 프랑스 민족만이 아니라 선주민이나 아시아계 민족과의 공존을 목표로 하고 있다.

20세기 종반이 가까워오면서 '차이의 정치학'이라는 것이 거론되면서 차이의 불평등을 제거하는 것뿐만 아니라, 차이를 적극적으로 승인하고, 오히려 그것에 의거해서 사회의 풍요로움을 창출해 내자는 주장이 제기되었다. 특히 피억압 그룹과 같은 집단에 대한 차이가 중요시되면서 이 집단의 차이의 존중을 더욱 진행시켜, 문화의 차이의 존중에 이르면 다문화주의의 사상이 된다. 요약하면, 다문화주의라는 것은 차이의 존중과 문화의 공생을 목표로 하는 사상이다.

그 대표적인 사상가의 한 사람인 킴리카Will Kymlicka는 캐나다의 선주민족부터 시작하여 그 윤리적 사정권을 민족적 마이너리티, 이민 집단, 주변적인 소수 종교단체, 흑인, 여성, 장애자, 동성애자와 같은 피차별 집단으로 확대하였다. 킴리카는 자유주의를 기조로 하고 있는데, 개인의 선택은 소득과 교육이 아니라, 나고 자란 문화가 존중될 때 비로소 보장되기 때문이다. 곧, 문화의 존중 그 배후에는 개인의 자유가 있다. 그러한 의미에서 이런 집단에 자치권, 에스닉문화권, 특별대표권 등의 권리를 부여하려고 하는 주장이 생겨났다.

글로벌리제이션이 진행되어 지구 사회가 출현하게 되면 그것은 캐나다나 호주와 같은 다문화사회를 확대한 것과 마찬가지의 상황이 되며, 민족이나 문화가 서로 다른 사람들이 공존하지 않으면 안 된다. 그렇게 하지 않고 그 일부의 차이와 대립을 강조한다면 헌팅턴S. Huntington이 말한 바와 같이 문명의 충돌이 생겨날 것이다.

개개인을 보더라도, 예를 들면 인도에서 자란 사람이 미국으로 건너가 성공해서 국적을 얻어 최고 수준의 학자가 되어 힌두교에 대한 귀속을 바꾸려고 한다면 그의 정체성은 여러 개로 나뉘고, 여러 복수의 문화나 문명이 그 한 사람 안에 겹치게 된다. 또한 국제교류가 활발해지고 저렴한 비용으로 국가를 이동하기가 쉬워졌기 때문에 사람들은 복수의 '고향'을 가지게 되었다. 한 사람이 유럽인이면서 한 해에 세 번은 케냐에서 생활을 향유하는 식으로 개인 생활에서 글로벌리제이션도 생겨난다. 이러한 현상을 복수의 지역과 결혼한다는 의미에서 '고향 복혼제polygamy'라고 부른다. 지금까지 국내 차원에만 존재하던 현상이 지구 규모로 확대되는 것이다. 이렇게 개인과 문화가 다차원적으로 존재하기 위해서는 기본적으로 앞서 말한 공존의 철학과 원리가 수립되지 않으면 안될 것이다.

또한 다문화주의와 같은 수평적 관계 이외에 글로벌리제이션이 진행되면, 유럽에서 보이는 것과 같이 수직적 관계로서 자치체-국가-EU로 연결되는 국제적인 보완 시스템이 형성될 것이다. 이미 설명한 바와 같이 이것은 자율 보완subsidiarity 시스템인데, 이 시스템은 현재 EU에서만 나타나고 있다. 그러나 이른바 글로벌 거버넌스(지구적 협치)의 구조는 이미 여러 가지 형태로 존재하고 있으며, 이것이 진행됨에 따라 자율 보완과 비슷한 제도가 구상되지 않으면 안 될 것이다.

이렇게 근대사회의 개인화 현상의 발전선 위에서 태어나 NGO와 같은 운동에 따라서 촉진되는 지구시민화를 토대로 하여, 수직적 차원에서 자율보완주의, 수평적 차원에서 다문화주의가 이루어진다면 장시간이 걸리지만, 점차 글로벌 데모크라시 또는 코스모폴리탄 데모크라시의 상像이 등장하게 될 것이다.

경제적, 사회적인 글로벌리제이션에 대항하여 울트라 내셔널리즘으로 향하는 경향과 이 코스모폴리탄 데모크라시는 백팔십도 다른 것인데, 앞으로의 시대는 이 양자 사이의 극심한 선택의 시대가 될 것이다.

4. '제3의 길'은 무엇인가

'제2의 근대'에 새로운 정치의 특징이 있다고 한다면, 이것을 집약해서 대변해주는 정치 세력이 등장하여도 이상하지 않다. 현재 그러한 징후를 아직 명확하게 취할 수 있는 단계가 아닌 이상 그것을 지금까지의 정당에서 찾는 것은 불가능하다. 하지만 아직 새로운 미래 지도가 그려지지 않고 있다. 그러나 그 일부분을 통해 미래상을 이미지화하는 정치적 감수성이 전혀 존재하지 않는 것은 아니다.

‘제3의 길’이라고 불리는 정치 노선에 그러한 감수성이 기대되고 있다. 그 정치 노선은 처음 영국의 블레어 등의 중도좌파 세력에 말미암아 주장되고 뒤에 확대되어 유럽의 사회 민주주의 정당 전반에 적용되어 갔다.

유럽의 사회 민주주의 정당에는 확실히 현재에도 공통점이 있다. 우선 기존의 계급 정당의 틀을 넘어서, 근대의 변용을 가져온 자기실현파 시민의 힘을 빌리지 않으면 그 발전을 기대할 수 없다는 면을 가지고 있다.(제5장 참조). 뒤에 상세하게 다룰 포퓰리즘 우익에 대한 대안으로서도 존재 이유를 공유한다. 물론 사회 민주주의 정당으로서 사회적 불평등의 해소와 사회적 배분의 시정이라고 하는 전통적인 주장을 공유하고 있는 것은 말할 것도 없다.

그러나 ‘제3의 길’에 속하는 정치 노선은 다양하며, 구체적인 정책에 대해서 말하자면 공통점을 들기가 쉽지만은 않다. 오히려 각 당이 ‘제2의 근대’의 특징을 어떻게 취하고 있는가를 개별적으로 추출하여 분석하는 편이 장래의 전망을 추론하는 데 유효하다. 몇 차례의 선거를 통하여 시대와 시민의 관심을 받음으로써 드디어 ‘제3의 길’파의 사회민주주의 정당으로서 정리한 정책이 완성되어

가는 것이 아닐까.

독일의 정치학자 메르켈W. Merkel은 재정 정책, 고용 정책, 사회 정책을 비교 분석하여 유럽에서 사회 민주주의는 네 가지의 길이 있음을 말하고 있다.

(1) 시장 지향의 뉴 레이버new labor(영국 노동당) 모델
(2) 합의를 통해 시장화를 실시하는 네덜란드 모델
(3) 복지국가에 의한 개혁을 지향하는 스웨덴 모델
(4) 국가 주도형의 프랑스 모델

이것은 구체적인 정책 분석에서 이끌어낸 유형화이나 그 이론적 추상성은 아직 불충분하며, 독일의 사회민주당을 어디에 분류할지 확실하지 않다는 점에도 문제가 있다. 여기서는 이러한 분류에 따라서 일단 전체의 이미지를 만들어 가면서 한걸음 나아가 여기에 '제2의 근대'의 증표로서 인정될 수 있는 것이 무엇인지를 생각해 보고자 한다.

영국의 노동당은 '제3의 길'의 대표 주자이다. 이는 전후 노동당의 위로부터의 복지국가의 노선과 그 한계에 대한 대안으로 등장한 대처의 신보수주의 노선, 이 두 가지

의 기성 노선에 반대하여 등장한 것이기 때문에 분명히 '제3의 길'이었다. 이 노동당은 블레어 노선으로 대서양을 넘어 미국의 클린턴 전 대통령과도 연결됨으로써 앵글로색슨적 시장주의 경향이 강하다. 이 모델은 복지정책에 의존하는 사람들에게 '능동성 테스트'를 부과하여 노동시장에 나갈 기회를 주고, 그 밖에는 배제하는 능력주의의 색채가 강한 정책 등을 시행한다. 그런 의미에서 블레어 노선에 대한 비난이 강력하게 제기된다. 그러나 사회적 해체 현상에 대해서 커뮤니티나 친밀권(가족) 재건 제안, 자기실현파 시민에 대한 기대나 자발적 결사 등에 따른 시민사회의 구축 등 새로운 시대의 숨결을 느끼게 한 점은 부정할 수 없다. 독일의 슈레더Gerhard Schroder(독일 제7대 총리, 1998년 10월 27일~2005년 11월 22일)도 이러한 점에서는 블레어와 가까운 노선이다.

네덜란드 모델의 정책 형식 패턴은 약간 보수적이며, 경영자 단체나 노동조합 등 큰 조직에 의한 타협 형태로서 네오-코프라티즘적(신조합주의적) 합의에 따라 성공하였다는 점을 부정할 수 없다. 그러나 문제는 정책의 참신함이 드러나고, 앞서 말한 시민노동 및 1.5인 형形 맞벌이 노동제, 정규직 노동과 임시직 노동의 균일화 등 독자성을 가지고, 매립의 재검토, 성문제에 대한 선진적 정책, 마약 정책의 개방성 등 시대를 앞서가는 측면이 강하다. '제2의 근대'에서는 경영 정책 이외의 정책 체계의 비중이 증가할 것으로 생각한다면 이 점을 경시할 수는 없다.

스웨덴 모델은 지금까지의 복지국가 노선을 지킨다는 입장이 강하다. 하지만 '제2의 근대'에서 사회적 불평등의 해소는 큰 과제이며, 시장주의와 함께 빈부의 격차는 확대된다고 생각되기 때문에 스웨덴의 복지 노선이 지니는 가치는 여전히 높다. 예를 들면, 노동 연수에 응하지 않았다는 이유로 그 사람을 사회로부터 배제하는 영국형의 노동정책을 택하지 않고 복지국가 노선을 고집하고 있다고 해서 그것을 단번에 구식이라고 규정해서는 안 된다는 것이다. 또한 고용을 최우선 과제로 하는 정책에 대해서도 높은 평가를 받고 있으며, 더욱이 스웨덴의 녹색당과 같이 기초소득제의 채용을 주장하는 정당이 권력의 주변에 있는 것, 남녀평등의 철저화 등, 근대의 변용에 적응한 측면이 강하다.

마지막으로 프랑스 모델은 유럽의 사회 민주주의 정당 가운데 가장 전통적인 자세를 유지하고 있다. 여기서는 국가 주도형의 입장에 선 정당으로서 사회당과 공산당이

건재한다. 노동시간의 단축 등 일자리 나누기(워크 쉐어링) 정책을 실현하지만, 글로벌리제이션 가운데 발생한 이데올로기로서의 경제적, 정치적 글로벌리즘에 대항하는 자세가 더욱 강한 점에서 큰 특색을 가진다. 그 밖에 트랜스내셔널 정책으로서의 EU 정책에도 적극적이다.

'제2의 근대'는 앞서 말한 바와 같이 '제1의 근대'와 중첩성을 가지는 점에서 특색이 있으며, 무엇을 '제2의 근대'의 정책으로 할 것인가는 확정하기 곤란한 문제이다. 지금까지의 간단한 설명 가운데서 '제3의 길'파 정치세력 가운데도 새로운 경향이 있음을 충분히 인식할 수 있을 것이다. 문제는 그들이 이러한 새로운 시대의 전개에 대해 어떤 감수성을 지속적으로 가질 수 있겠는가이다.

제3장
새로운 시민사회론

1. 시민사회론의 계보

'제2세대'의 다양한 징후들을 거론하는 가운데 여러 곳에서 자기실현을 추구하는 시민의 모습이 등장하였다. 그렇다면 이러한 시민들이 만드는 시민사회란 무엇인가. 최근 세계적으로 이러한 시민사회라는 개념과 그 재생이 논의되고 있으며, 대체로 긍정적으로 평가되고 있다.

독일의 역사학자인 코카Jurgen Kocka는 "이 개념의 인기는 문예란, 지적 정치적 발언, 학문 저작에서 한층 증가하였다. 이 개념에 전혀 다른 정치적 내용이 포함되기도 하고, 다른 정치적 목표 설정을 위해서 사용되기도 하며, 세계 여러 곳에서 사용되고 있으나, 어디에서건 대부분 긍정적 뉘앙스를 동반하고 있다"고 말하고 있다. 시민사회는 오래된 개념인데 최근 20년이 채 안 되는 동안 인상 깊게 '재생'하고 있다고 분석한다.

'제2세대'의 도래를 나타내는 데에는 시민사회에 한정되지 않고, 정치적으로 새로운 개념이 등장하고 있다. 글로벌리제이션, 젠더, 협치, 제3의 길, 사회관계 자본 등, 이 책에서도 종종 등장하는 개념이다. 이를 신자유주의에 반대하는 좌파 입장에서 모두 비판하고 있는 블레클리G. Blakeley 등도 시민사회와 시티즌십이라는 개념만은 신자유주의적 개인주의와 불평등주의를 시인하지 않는다는 조건에서 긍정적으로 평가하고 있다. 시민사회라는 개념은 사회 이해와 변혁의 가능성을 높이고, 민주적 과정을 심화시키며, 권의주의 체제를 무너뜨리기 위해서 적극적으로 사용될 수 있다고 보기 때문이라고 한다.

고전적 시민사회론 – 국가와 시민사회

최근 20년 사이 재생한 시민사회론을 알아보기 위해서 18세기 무렵 곧, 제1세대와 더불어 구체적인 내용을 가지고 등장한 고전적 시민사회론을 다루어 보아야 할 것이다.

일본에서는 전후 데모크라시의 시대가 되고 나서도 '시민사회'라는 용어가 정착되지 않았다. 1990년대가 되어 많은 정당이나 정치가가 이 용어를 사용하기 시작했으나 학자들 사이에서는 여전히 시민이나 시민사회에 위화감을 가지고 있는 이들이 적지 않았다.

18세기부터 시민사회라는 언어의 전통을 가진 국가와 그것을 매우 생소한 번역어로서 받아들이던 국가 사이에 이러한 차이가 있는 것이 그다지 이상한 일은 아니다. 아마도 일본에서는 전후 데모크라시 시대가 되고 나서 이 개념을 사용하는 것이 마치 18세기나 19세기의 망령을 보는 것과 같은 기분이 들었을 지도 모른다.

18세기 전후 시민 경제가 발달하고, 국가에서 시민이 분리되어가는 상황이 다가왔을 때, 국가로부터 자유로운 시민사회라는 발상이 생겨났다. 따라서 그 시대의 시민사회에는 경제(시장) 기능이 포함되고, 스미스Adam Smith나 헤겔의 시민사회론과 같이 시장의 기능이 강조되었다. 시장의 발전이 국가와 시민사회의 분리를 초래한 것이기 때문에 이는 당연했을 것이다.

가장 자본주의가 발달한 영국과 후발 대륙국 특히 독일은 차이가 있다. 예를 들어, 스미스는 시민사회 가운데 규칙rule과 도덕moral을 설정하고, 시민사회가 국가를 체크하는 것으로 생각한다. 18세기 스코틀랜드 학파의 대표적인 논객 퍼거슨Adam Ferguson은 시민사회를 '반 국가적이지만 공적인public 것'으로 규정하고, 그것은 도덕과 시민적 덕성을 공경하는 사회적 연결이라고 생각한다. 당시 스코틀랜드는 잉글랜드에 통합되어 정치적 중심이 런던으로 이동해 갔기 때문에 자율성을 가진 스코틀랜드 사상가가 이러한 생각을 가지는 것은 충분히 납득할 수 있다.

이에 대해 독일의 헤겔은 시민사회란 이익을 우선시하는 욕망 체계로 생각하고, 오히려 그보다 우월한 것으로 국가의 윤리성을 두었다. 마르크스는 이를 지지하고, 시민사회를 계급 관계가 지배하는 부르주아 사회로 생각하였다.

이렇게 시민사회의 해석에 대한 양자의 입장은 다르지만, 국가와 시민사회 양대 영역론을 취하는 점에서는 공통되었다. 다만 이원론이라고는 해도 시민사회와 국가는 완전히 대립, 분리되는 것이 아니라 헤겔에게도 양자는 복잡한 접합 관계를 가지는 것이었다. 따라서 그것은 두 개의 원이 부분적으로 교차하는 양대 영역론으로 이해되어야 할 것이다([그림 3]의 왼쪽).

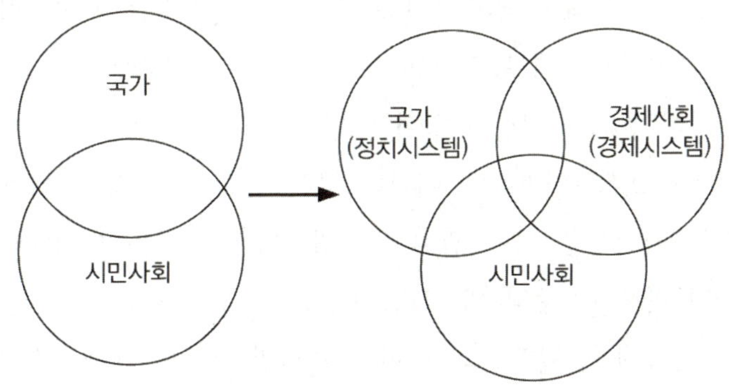

[그림 3] 국가, 시민사회, 경제사회

시민사회를 사상적으로 고찰하려는 입장은 한편으로는 로크John Locke부터 스미스Adam Smith에 이르는 'L계(로크 계열)'와 몽테스키외Charles Montesquieu에서 토크빌Alexis de Tocqueville에 이르는 'M계(몽테스키외 계열)'로 구분하는 사고가 존재한다. 곧바로 말해서 M계는 전통적인 소키에타스 퀴리스(시민사회)와 같이 시민사회를 국가 등 공적 조직에서 독립한 것으로서 생각하지 않고, 정치 사회를 하나의 공동체로서 간주하고, 그 가운데 자율적 여러 집단에 의해서 정치사회가 지탱되는 것으로 생각한 다. 토크빌은 그러한 입장에서 미국의 자발적 결사와 민 주주의의 관계에 주목하였다. 그의 주장은 최근 시민사회 를 주창하는 사람들을 신토크빌파로 부르는 것에서 알 수 있듯이 현대에 강한 영향력을 행사하고 있다.

마르크스주의자들은 여전히 앞서 말한 바와 같이 헤겔 적인 이원론을 더욱 관철하고 있으나, 그 가운데 이탈리 아의 마르크스주의자인 그람시Antonio Gramsci는 약간 다 른 입장에 서 있다. 그에 따르면 시민사회는 국가와 경제 를 매개하는 것으로서, 가족, 학교, 교회, 매스미디어 등 이 이에 포함된다. 지배는 폭력 장치를 가진 국가에 의해 서만 이루어지는 것이 아니라 시민사회를 통해서도 이루 어진다. 시민사회는 복잡한 구성을 가지는 것이기 때문에 구성 요소 사이에서 합의가 필요하다. 시민사회는 그런 의미에서 저항의 거점이 되기도 하지만 지배의 통로가 되 기도 한다. 이른바 헤게모니론(지배)이기도 하지만, 여기서 는 새로운 시민사회론과 같이 삼대 영역론이 되어 현대에 전개되는 논의로 연결된다. 이것은 그람시가 20세기에 활약한 사상가였다는 것과 관계가 있는 것으로 생각된다.

삼대 영역론의 분화

새로운 시민사회론은 많은 경우 고전적 시민사회론의 주류파인 이대 영역론과는 다르게 삼대 영역론을 취하고 있다([그림 3]의 오른쪽). 여기서는 국가와 경제사회(시장), 시민사회의 세 영역이 상호 겹치면서 오히려 시민사회가 우위에 서야한다고 생각한다. 이러한 인식이 이론적으로 명확하게 구성된 것은 최근의 일이지만, 현실의 역사발전 과정에서 이러한 상황은 실제 빠르게 발생하고 있다.

19세기가 진전됨에 따라 화폐를 중심으로 한 경제사회=기업의 세력이 강화되어 여태까지의 시민사회와는 독립된 시스템을 구성하게 되었다. 더욱이 국가와 경제는 점차 유착하여 사람들의 생활세계를 압도하게 되었다. 매스컴의 발달도 그 경향을 조장하였다. 그리고 국가권력이 극대화된 경우, 나치 체제나 동구 사회주의체제와 같이 시민생활은 제로에 가깝게 축소되었다. 이것은 이후 하버마스Jurgen Habermas가 말한 '생활세계의 식민지화'의 극한적 상태이다. 나치 체제 아래서는 히틀러가 자신의 부모의 대화를 밀고하고, 동독에서는 남편이나 부인이 배우자를 밀고하여 슈타지Stasi(구 동독의 비밀경찰)에 등록되어 가족 그 자체가 국가권력에 따라 감시되고, 고발되었다. 이러한 상태에서는 시민적 자유란 전혀 존재하지 않는다고 봐도 좋을 것이다.

한편 자본주의의 발달과 함께 경제사회가 생활세계를 식민지화하여, 일상의 생활이 시장 원리에 따라 지배하게 되었다. 이러한 상태가 지속되면 여유의 결여는 물론 과로사가 증가하는 사태가 발생한다. 이익과 효율에 따른 지배는 국가권력에 의한 억압과 지배만큼 가시적인 것은 아니지만, 시민으로서의 생활과 자유를 희생하게 되는 점에서는 거의 마찬가지이다. 그리고 그것은 가정생활, 교육의 세계에도 측정할 수 없는 불안과 왜곡을 초래한다.

이러한 상태에 대한 생활세계에서 시민사회의 역습이 이루어졌다. 참가와 자치, 개개의 자발적 결사와 사회 운동에 의해서 생활세계가 권력을 중심으로 한 국가 영역에 침투하고, NPO 등이 기업의 기능의 일부를 대행하는 등 비영리 활동이 경제사회의 영역을 파고들게 되는 사태가 발생하는 것이다. 따라서 권력과 경제에 따라 지배되고, 한쪽에 격리되어 있었던 생활세계가 다시금 소생하여 그 가운데서 새로운 시민사회가 등장한다.

이러한 삼대 영역론이 성립하는 구체적 기반이 만들어진 것이다. 이 상황을 이론화하려고 하는 이들은 하버마스나 미국의 코헨Jean L. Cohen과 아라토Andrew Arato와 같은 정치학자들이다. 그 이론을 논의하기 전에 일본의 시민사회론에 대해서 살펴보기로 한다.

일본의 시민사회론

마루야마 마사오丸山眞男가 시민사회라고 하는 개념을 사용하였는지, 하지 않았는지에 대한 논의를 앞에서 한 바 있다. 이것은 우치다 요시히코內田義彦가 마루야마 마사오를 '시민사회 청년'그룹의 일원으로 분류한 것에 따라 비롯된 점이 적지 않다. 이시다 다케시石田雄가 말한 것처럼 마루야마는 전전과 전쟁 직후 일시적으로 이 용어를 사용하고 있지만, 일본 사회를 분석하는 용어로서는 거의 사용하지 않고 있다. 시민사회론이 활발해지기 시작할 무렵 (마루야마는 이미 고인이 되었지만) 이 일본의 대표적인 사상가와 시류의 개념인 이 용어를 연결하여 생각하려는 것이 논단의 한 가지 테마가 되었다.

지금 이 논의를 깊이 다루려는 것은 아니다. 다만, 마루야마 생존 당시 더욱이 전후 데모크라시 가운데서 시민사회라는 용어가 사용되었던 것은 '제1세대'의 시민사회로서, 단적으로 말하면 부르주아 시민사회였다. 대중 민주주의의 빛과 그림자가 문제가 되자, 이 개념은 더 이상 적합성을 가지지 못하게 되었다. 새로운 시민사회론이 근대의 변용 가운데 새로운 형태를 취하여 나타나기 전에 살던 한 사상가가 그 개념에 대해서 어떻게 논하고 있는지를 추적한다는 것은 그다지 생산적이지 못하다고 생각된다. 마루야마는 토크빌에 근거하는 부분이 적지 않고, 그런 의미에서 신토크빌파로 불리는 근래의 시민사회론자와 공통된 점이 있다. 그러나 마루야마의 경우, 토크빌의 논의 가운데서도 민주주의가 다수의 전제專制로 변질되어 간다는 점에 주로 주목하였기 때문에 신토크빌파로 연관시켜 생각하는 것은 무리가 있다.

　일본의 시민사회론으로 돌아가 보면, 전후 이 용어를 사용한 사람으로 종종 거론되는 학자는 우치다 요시히코 內田義彦와 히라타 키요아키平田淸明이다. 이 두 사람 모두 경제학자라는 점은 흥미롭다. 우치다內田는 스미스 연구자이며, 히라다平田는 마르크스주의자였다. 그들의 시민사회론은 '제1세대'의 시민사회론과 동일하지는 않지만, 시민사회 가운데 경제 기능을 강조하고 있다는 점에서는 공통점을 가지고 있다.

우치다는 전후 민주주의자로서 권위주의 체제에서 벗어나 민주주의를 구축하기를 염원하였기 때문에 경제의 자립성만을 강조한 것은 아니다. 그의 시민사회론의 골격은 한 물건 한 종류 가격에 근거한 상품교환 관계가 닫힌 사회를 벗어나 열린 사회를 형성하게 한다는 내용이다. 위의 분류에 따르면 그는 로크에서 스미스에 이르는 L계(로크 계열)의 흐름 가운데 있다.

한편 히라타는, 시민사회라는 개념은 자본주의라는 개념에 흡수되었을 뿐만 아니라 사회주의 사회에도 계승된 요소를 가지고 있음을 강조하고, 마르크스 안에서 시민사회의 위치를 설명하려 노력하였다. 그리고 히라타는 '개체적 소유'라는 개념에 주목하였다. 개체성이라고 하는 것은 자기 결정, 자기 관리에 따라 성립한 것이지만, 영국의 독립자영 농민yeomanry와 같은 사적인 개별적 소유는 처음부터 자기 결정에서 발전한 것이 아니고, 공동 소유를 거친 뒤에 개체적 소유, 즉 사회주의가 되어 비로소 개체성이 생겨나는 것으로 본다. 이것은 마르쿠제Herbert Marcuse의 사상을 관통하는 것으로서 분명 마르크스주의

가운데 가장 원리적인 시민사회론이었다.

히라타는 근대의 과학주의가 가지는 위험성을 지적하고 첨단의료 등을 예로 들면서 그 문제를 다루고 있다. 그는 근대사회의 마이너스 측면을 살펴봄으로써 산업주의와 국민국가 논리에 대한 대항으로 시민사회론이 성립하게 된다는 것을 예견한 것으로 생각된다. 또한 히라타의 개체적 소유론이 새로운 시민사회론과 사상적으로 연결되어 있는 것은 그가 시민 운동, 주민 운동, 시민자치, 자주관리에 큰 기대를 가졌던 것에서도 충분히 관찰할 수 있다.

그들의 이론은 새로운 시민사회론과 긴밀하게 연결되어 있다. 그러한 의미에서 그들을 '제1세대'의 시민사회론이라고 단번에 판정할 수는 없다. 하지만 적어도 사상의 흐름에서는 그와 연결되는 부분이 있고, 또한 일반적으로 그렇게 받아들여지는 측면이 있다.

2. 하버마스Jurgen Habermas의 시민사회론

《공공성公共性의 구조 전환》
새로운 시민사회론의 형성에 관하여 가장 큰 영향력을

가지는 이는 독일의 철학자 하버마스Jurgen Habermas이
므로 그의 이론 전개에 대해 개관해 보기로 한다.

하버마스는 1929년에 태어나 전후 데모크라시의 영향
을 받았다. 전쟁을 경험한 인간이 공유하는 사회의 불합
리성에 대한 인식과 전후의 특징인 밝음과 낙관주의를 함
께 지니고 있다. 즉, 인간사회에 대한 비관주의와 그것을
극복하려는 낙관주의를 함께 가지고 있다는 점에서 그는
같은 프랑크푸르트학파에서도 비관주의에 치우친 아도르
노Theodor Wiesengrund Adorno나 마르쿠제Herbert
Marcuse와 구별된다.

그는 1962년에 《공공성의 구조 전환》이라는 저서를 쓰
고, 학계의 주목을 받았다. 이 책에서 그는 18세기에 시
민적 공공성이 국가적 공공성과 대항하면서 어떻게 형성
되었는가를 말한다. 커피 하우스나 독서클럽 활동, 그리
고 당시 점차 발달하고 있던 신문, 잡지 등의 미디어에
의해서 문예 작품에 대한 논의가 이루어지면서 문예적 공
공성이 생겨나게 되었다. 나아가 정치적 논의를 통해서
공공성을 독점해온 국가로부터 정치적 공공성을 가져오면
서 시민적 공공성을 형성하게 되었다. 이른바 퍼브릭
public(공중)의 탄생이다.

　이렇게 국가에서 이탈한 시민사회가 등장하였지만, 역사의 진행과 함께 정치와 경제의 유착이 진전되면서 국가와 사회의 긴장 관계에서 전개되었던 시민적 공공성이 점차 무너지게 되었다. 하버마스의 용어로 말하자면, 시민사회는 권력으로부터 중립화된 공공권이라는 외관을 가져왔는데 그것을 포기하지 않으면 안 되게 되었다. 또한 전에는 사생활의 중심이었던 친밀권親密圈도 주변으로 밀려나 가족은 점점 사적私的이 되고, 이와 달리 노동과 조직의 세계는 점차 공적公的이 되어 친밀권의 분화가 일어나게 되었다. 동시에 매스컴의 발달과 함께 과거의 공공적 윤리가 제 역할을 상실하게 되면서, 문화를 논의하던 공중이 이제는 문화를 소비하는 공중이 되어버렸다고 말한다.

　이렇게 자유주의적 요소를 가진 시민적 공공성은 변용되고, 근대 초반 형성되었던 시민적 공공성은 상실된다. 당시 그들이 말하는 시민적 공공성의 구조 변환은 '새로운 시민사회Zivilgesellschaft'로의 전환이 아니라 '제1세대'에서 만들어진 공공성이 기능을 잃은 것이라는 비관적인 분석도 있다.

시민사회의 재생

1990년 동구혁명이 발생하고 권위주의 체제가 붕괴하는 데 시민사회가 공헌하자 시민사회의 역할이 재인식되게 되었다. 하버마스는 그때까지 17판을 거듭해온 《공공성의 구조 전환》을 수정하여 새로이 출판하고 싶다는 출판사의 요청을 받아들였다. 수정을 하게 되면 전체를 고치지 않으면 안 된다는 것을 알았기 때문에 그는 대신 긴 서문을 쓰는 것으로 수정을 대체했다. 이때 비로소 하버마스는 '새로운 시민사회'로의 구조 전환에 주목하며 시민사회와 그것에 바탕으로 둔 협의 민주주의deliberative democracy에 대한 기대를 내보였다.

또한 하버마스는 왜 새로운 전환을 이전에 제대로 보지 못했는지에 대해서는 1960년대부터 등장한 페미니즘에 대한 통찰이 부족하였으며, 권력에 대한 비판을 추구하고 문화적 동원을 추구하는 공중의 행동의 변화에 충분히 주의를 기울이지 못했기 때문이라고 말한다. 새로운 사회운동에 대한 인식이 충분하지 못했다는 자기비판으로 보아도 좋을 것이다. 그 자신의 말로 바꾸자면, "다원적이며 내부적으로 매우 분화된 대중으로부터 만들어지는 공중이 가지는 저항 능력과 비판의 잠재성을 당시 나는 지나치게 비관적으로 판단하였다"고 하였다. 새로운 사회 운동은 '제1세대'의 커피 하우스와 독서 클럽과 같은 것으로 새로운 시민적 공공성이 생겨나는 마당이기도 하였다. 하버마스는 이때 드디어 이 운동의 등장을 확인하게 됨으로써 더 긍정적인 새로운 시민적 공공성에 대해서 설명하게 된 것이다. 이렇게 시민적 공공성 위에 선 새로운 시민사회론을 정립하고자 이전에 그가 《커뮤니케이션적 행위의 이론》(1981년)에서 구상한 '시스템과 생활세계'라고 하는 개념 구성을 가져왔다. 생활세계는 '발언하고 행동하는 주체들이 사회화되는 세계'이다. 이에 대해서 시스템이라는 것은 자동제어 통제 체계로서, 행위자의 인식을 넘어선 형태로 개인의 의사결정이 규제되는 것이다. 권력이라는 매개에 따라서 통제되는 것이 정치시스템, 화폐라는 매개에 따라서 통제되는 것이 경제시스템이 된다. 이에 대해 생활세계의 매개는 커뮤니케이션이다. 그리고 두 가지 시스템이 생활세계에 강하게 영향력을 가지는 경우가 생활세계의 식민지화라고 하는 현상이다. 하버마스는 시민사회의 개념을 민주주의의 논리에 적용하여 발전시키고자 한 코헨과 아라토를 이 '시스템과 생활세계'라는 개념을 구성하는 데 참고했다고 한다.

이것이 지금까지의 이대 영역론과 다른 삼대 영역론의 이론 구성이며 1985년 출판된 저작인 《근대의 철학적 디스쿠르스Diskurs(토의)》에서 이미 생활세계의 자율성에 대해서 말하고 있다. 즉, 생활세계 가운데 지탱되어온 자율적인 공공성이 강하지 않다면 생활세계와 두 개의 시스템 사이에서 발생한 분쟁을 생활세계의 손으로 통제할 수가 없다는 것이다. 그리고 시스템의 매력은 강력하기 때문에 이성이 정신세계에서 중요한 지위를 차지해온 유럽 이외에서는 자율적 공공성의 에너지나 기력을 발휘하기 힘들지 않을까라고 전망하고 있다.

생활세계의 자율성에서는 한정적이므로, 확실한 자신이 없었던 것으로 보인다. 그러나 이것은 동구혁명과 '시민사회'의 재발견에 따라서 극복되었다.

디스크루스(토의)와 민주주의

1994년, 이제 사회주의의 앞에 남겨진 것은 무엇인가라는 질문에 대해서 하버마스는 급진적 민주주의라고 답하며 장래에 대한 낙관주의를 피력하였다. 그는 1992년 《사실성과 타당성》이라는 저서에서 그가 말하는 급진적 민주주의를 지지하는 협의정치deliberative politics의 이론을 이미 전개했다.

생활세계를 잇는 매개가 커뮤니케이션적 행위이며, 커뮤니케이션이라는 것은 적어도 두 사람에 의해서 시작된다는 의미의 용어이다. 대화의 상대자가 타당성을 요구(상대에게 이해를 추구하는 것)하고, 듣는 쪽이 그에 대해서 예스인지 노인지를 말한다. 여기서 토의(디스크루스)가 시작된다. 말할 것도 없이 이러한 토의에는 토의 윤리가 없으면 안 된다.

이것을 알기 쉽게 얘기하면 누구라도 자유롭게 발언할 수 있고, 누구라도 정보를 자유롭게 입수할 수 있으며, 그 위에서 동의의 가능성을 전제로 말하고, 상대의 의견을 받아들여 자신의 의견을 바꾸는 과정이며, 나아가 합의를 이루게 되는 것이다.

따라서 토의는 화자에 따른 일방적 이해의 강요가 아니며 고양된 감정 가운데서의 갈채도 아니다. 곧 토의와 합의를 위해서는 커뮤니케이션 이성이 없으면 안 된다. 상대를 넘어뜨리려고 하는 전략적 커뮤니케이션은 커뮤니케이션 가운데 들어갈 수가 없다. 시민사회라고 하는 공공 공간에서 디스크루스는 중요성을 가지게 되며 비로소 협의정치가 발전한다.

앞서 말한 《사실성과 타당성》이라는 저서는 하버마스의 법 이론을 제시한 것으로서 높이 평가받고 있지만, 협의 정치에 대한 많은 내용도 실려 있다. 그 내용은 법이 타당하기 위해서는 토의가 필요하다는 것이며, 단순하게 말하자면 정치 시스템 안에서 토의·결정과 생활세계에 뿌린 시민사회에서 토의라고 하는 양대 회로의 시스템의 존재가 강조된다는 것이다.

여기에 약간의 설명을 덧붙이자면, 지금까지의 정치과정론에서 정치적 결정이나 법의 제정은, 사회 안에서 발생하는 요구나 비판을 결정에 도달하는 과정의 일환으로 여겼으며, 이것은 어디까지나 단회로적 파악 방법이다. 양대 회로제의 민주주의론에서는 자립한 시민사회에서 토의나 운동에 많은 비중이 두고, 거기서 시민사회에서의 토의를 구현하기 위한 각종 제도화도 시도된다. 이 점에 대해서는 제5장에서 자세히 다루도록 한다.

하버마스는 이렇게 민주적 절차의 확립을 중심적 명제로 하고 있으며, 시민사회는 새로운 문제에 대한 감수성에서도 실제로 정치 시스템보다 우위에 서 있다고 보고 있다. 그에 따르면, 최근 수십 년 동안의 과정을 보더라도 핵전쟁·원자력 발전의 위험, 인간 게놈 연구와 에콜로지의 위기, 제3세계의 궁핍화, 페미니즘, 이민 등 중요한 문제는 어느 것 하나 처음부터 국가기구 등의 정치 시스템에서 다루어진 것이 아니었다. 오히려 시민사회의 내부에서 문제가 제기되고, 사회 운동이나 자발적 결사가 이것을 이어받아 공공적인 의제로 삼아온 것이다.

더욱이 그가 자신의 저작 가운데서 시민적 불복종이 가지는 영향력의 의미를 강조하고 있는 것이 주목된다. 즉, 불복종의 실행자로부터 보면, 정치시스템에 따른 어떤 결정은 합법적으로 이루어진 것임에도 불구하고, 헌법 원칙에 비추어보면 정통성이 없다. 여기서 시민은 비폭력적 저항을 행하지 않을 수 없다. 그것은 "시민사회의 정치사회에 대한 영향을 철저히 하려는 합법적인 시도가 실패하고, 그 이외의 수단도 배재된 경우에 시민사회와 정치사회의 결합을 회복하기 위한 수단 등이다"(하버마스의 코헨 등의 인용). 그리고 이 시민적 불복종 운동은 확실히 정치 시스템에 대한 압력으로 이루어지지만, 이것은 동시에 시민사회 자체에 대한 메시지가 되어 이것이 시민사회의 토의를 활발하게 한다.

하버마스 비판

하버마스 그룹의 일원이며 이론의 기본은 일치하는 부분이 많지만, 하버마스를 날카롭게 비판하고 있는 학자로서 존 S. 드라이젝John S. Dryzek이 있다. 그는 하버마스의 협의 민주주의deliberative democracy에 토의 민주주의 discussive democracy라는 용어를 대치시킨다. 협의 민주주의보다 대결의 성격이 강한 것을 토의 민주주의라고 하는 것이다.

우선 첫째로, 드라이젝에 따르면 협의 민주주의라는 용어는 1980년대 조셉 베세트가 미국 헌법을 해석하면서 의회에서 유효한 공적 협의를 보장하는 원리로서 사용한 것이지만 최근에는 오직 시민사회의 문제로서 논하게 되었다. 하지만 정치 시스템 안에서 토의나 시민사회의 토의가 서로 배타적인 것은 아니다. 그렇다면 어디에 차이가 있는 것인가?

하버마스 등으로 대표되는 협의 민주주의와 드라이젝이 말하는 토의 민주주의를 비교하면, 후자는 국가의 민주적 잠재성을 부정한다는 점에 근본적인 차이가 있다. 그뿐만 아니라, 토의 민주주의는 정치 시스템(국가)과 경제 시스템(시장)에 대해 모두 비판적이다. 하버마스는 시민사회에서 토의를 보장하는 것으로서 법과 법치국가의 중요성을 강조하지만, 그 점만 중시한다면 지금까지의 자유주의적, 입헌적 민주주의에 지나지 않게 된다. 드라이젝은 이에 대해 시민사회 안에서 대항적인 여러 세력이야말로 토의 민주주의의 중핵의 위치에 있다고 생각한다. 정치 시스템이나 경제 시스템은 배제된 집단을 양산해 내기 때문에 시스템에 대한 반란은 언제나 존재하고, 바로 거기서부터 민주화가 진행된다. 그러한 의미에서 토의 민주주의는 반란 민주주의의 측면을 가진다. 그는 하버마스가 리버럴한 입헌주의자 또는 법치주의자가 되어 버린 것은 아닌가라고 비판한다.

둘째, 시민사회는 종종 동질적인 시민의 공동체로서 생각되기 쉽지만, 실제로 시민사회는 차이를 가진 사람들로 구성되고, 또한 작은 시민의 모임이 몇 겹씩 중첩되어 성립된 것이다. 그것은 결코 한 덩어리의 바위가 아니기 때문에 거기서 합의를 만들어 내는 것이 결코 쉽지만은 않다. 더욱이 '차이의 정치학'에서 언급하는 것과 같이 최근 집단이나 문화의 차이를 어떻게 통합해 가는가는 큰 문제가 되고 있다. 이에 대해 서로 다른 의견을 많이 교환하는 것에서 민주주의의 근본을 찾는 무프C. Mouffe와 같이 적대antagonism와 투기적 대항agonism을 구분하고, 투기적 민주주의를 주창하는 사람도 있다. 적대 관계를 투기적 관계로 대치함으로써 민주주의가 안정되고, 이성적 합의가 가능하게 된다고 생각하는 것이다. 드라이젝은 하버마스가 합의의 형성을 지나치게 낙관적으로 보고, 현실의 차이와 적대 관계를 경시하고 있다고 한다. 그가 말하는 것과 같이 커뮤니케이션적 행위에 따라서 합의가 형성된다고만은 할 수 없다는 것이다. 합의는 그리 간단히 얻어지는 것이 아니며 합의를 얻지 못하는 문제에 대해서는 장을 바꿔 토의를 계속해 가는 것이 중요하고, 그렇게 지속해 가는 것이 오히려 민주화의 계기가 된다고 그는 말한다.

셋째, 민주주의가 커뮤니케이션이라고 할 때, 커뮤니케이션을 하려면 언어의 조작 등 일종의 능력이 필요하다. 같은 능력을 가진 사람들 사이라면 간단히 합의가 이루어지지만, 억압된 집단이라던가 민족과의 커뮤니케이션에는 예를 들어, 강요당한 경험에 대해서 증언한다거나, 스스로의 삶의 역사를 말하는 것과 같은 방법도 사용되어야 하기 때문에, 단순히 커뮤니케이션이라고 하며 끝낼 문제는 아니다. 커뮤니케이션은 국경을 넘어 지구 차원으로

넓혀 다른 문화권 사람과의 커뮤니케이션도 필요하다. 현실의 인간 사이만이 아니라, 에콜로지적 위기를 생각해보면 알 수 있듯이 세대 간의 커뮤니케이션, 인간 이외의 자연과의 커뮤니케이션도 생각하지 않으면 안 된다.

이러한 점들을 고려해보면 협의 민주주의보다도 토의 민주주의 쪽이 벡이 말하는 근대의 성찰적 근대화에 더욱 적합한 개념일 것이라고 드라이젝은 말한다. 그러한 의미에서 토의는 단순히 국가의 정책 결정에 영향을 미치는 것이 아니라 초정부적 활동이기도 하다(이 점에 대해서는 다시 다루기로 한다).

이렇게 드라이젝은 하버마스의 협의 민주주의이론에 서면서 그것을 뛰어 넘은 연장선에서 토의 민주주의를 설정하려고 하고 있으며, 그의 비판은 상당히 정곡을 꿰뚫고 있는 것이다. 앞으로 이 책에서는 드라이젝으로부터 인용한 토의 민주주의라는 용어를 사용하기로 한다.

3. 시민사회의 전개

근래 '사회관계 자본social capital'이라는 용어가 학문

세계에서 자주 사용되고 있다. 이는 일본어에서 말하는 '사회자본'이나 '사회공통자본'과 같이 물적인 것이 아니라 인간관계를 나타내는 것으로서 구체적으로는 네트워크 또는 신뢰 관계를 생각하면 된다. 그리고 이 사회관계 자본이 있음으로 말미암아 경제, 교육 등 많은 분야에서 좋은 성과를 얻는 것이 가능하다고 여겨진다. 말할 것도 없이 정치개혁도 이 사회관계 자본과 밀접한 관계를 가진다.

이 개념은 프랑스의 사회학자 피에르 부르디외Pierre Bourdieu, 미국의 경제학자 제임스 콜만James Coleman 등에 말미암아 1980년대 전후부터 사용되기 시작하였다. 예를 들어, 콜만은 1980년에서 1982년 사이 미국의 고등 학생에 대한 연구를 한 결과 주립 고교의 경우보다 카톨릭계 학교가 교육의 효과가 높다는 것을 증명했다. 그것은 학생에 대한 기대감 등, 교원그룹을 포함한 사회관계에 따른 부분이 많았고, 더욱이 불우한 환경의 학생에 대해서 좋은 결과를 가져왔다고 말하고 있다. 마찬가지로 새로운 공장을 세울 경우, 입지 조건으로서 지역에 사회관계 자본이 많이 있다면 공장의 생산성에도 좋은 결과를 미친다고 평가하였다.

이러한 개념을 정치학자 사이에서 보급한 것은 로버트 퍼트남Robert Putnam이다. 그는 전후 이탈리아의 주州개혁 20년의 과정을 여러 사회과학적 방법을 사용하여 분석했는데, 이때 개혁에 가장 영향력이 있었던 것은 시민문화의 역사적 전통이었다고 결론짓고 있다. 그는 자신의 저서 결론 부분에서 이 개념을 사용하고 있지만, 분석의 틀로서 처음부터 사용하지는 않았다. 하지만 그의 《철학하는 민주주의》가 높은 평가를 얻은 이래 그의 사회관계 자본이라고 하는 개념은 정치학 연구의 중심 개념으로서 정착하기에 이르렀다.

그는 그 후 《나 홀로 볼링Bowling Alone》라는 책을 쓰며, 본래 팀으로 하던 볼링을 혼자서 하는 것과 같이 인간관계가 뿔뿔이 해체되어 간다며, 이것을 재구축할 필요가 있다고 말한다. 즉 사회관계 자본의 형성에 따른 시민사회의 재생을 구상했다고 하겠다. 이후 시민사회론과 사회관계 자본론은 밀접한 관계를 가지게 되었다. 독일 등에서도 지방 정치의 바람직한 모습을 사회관계 자본과 연결하여 논의하는 연구서가 몇 편 출간되었다.

이탈리아에서는 1970년에 지방제도를 개혁하여 새롭게 주州라는 자치체를 설치하도록 하였다. 이탈리아는 남북 격차가 크기 때문에 그 지방제도 실시 20년이 지난 단계에서 보면 남과 북의 주州운영은 전혀 다른 양상을 보여주었다. 북부는 근대적 자치체로서 기능하고 있는 것과 달리 남부의 주는 예로부터의 은고恩顧적 비호관계의 행정이 그대로 이루어졌다. 퍼트남은 이런 차이가 발생한 이유를 여러 각도에서 분석했다. 경제적 발전의 정도에 따른 것인지, 아니면 시민공동체 즉 시민적 관여와 사회적 운영의 강도에 따른 것인지에 초점을 맞추어 조사한 결과, 경제적 근대성과는 상관이 없고, 결국 중세 도시 이래의 시민적 전통을 가진 지역이 성공을 이루고 있음을 증명하였다.

이러한 시민적 전통을 가진 공동체란 신뢰 관계, 상호관계의 규범, 네트워크의 형성, 시민의 적극 참가라는 형태로 사회관계 자본을 축적해온 공동체이며, 시민의 적극 참가는 여러 자발적 결사나 이웃 집단에 말미암아 이루어진다. 이러한 행동 양식은 중세도시의 시민 자치의 전통을 가진 중북부 지역에서 활발하였으며, 따라서 그 지역에서 제도의 실행 정도가 높았던 것이다.

퍼트남의 저작은 시민사회론의 재생의 시대와 겹쳐져 시민사회론의 일부로서 활용되었다. 더욱이 시민사회론은 비교적 추상도가 높은 차원에서 논의되어 실증적 분석이 어려운 분야이다. 이에 견주어 사회관계 자본은 불충분하지만 여러 가지 조사 방법을 사용하여 분석할 수 있기 때문에 시민사회를 구체적 이미지로서 파악하기 위한 도구로서 사용되었다. 이 개념은 블레클리 등에 의해 계급이나 젠더의 불평등에는 눈을 돌리지 않고, 자본주의에 대한 이데올로기 서비스를 한다고(세계은행의 사회관계자본 프로젝트 등) 강하게 비판되었지만, 이러한 비판에도 불구하고, 여러 분야에서 응용되었다.

사회관계 자본이라는 개념은 여전히 애매하여 향후 그 내용을 정리하지 않으면 안 될 것이다. 퍼트남 자체도 사회관계 자본론이 예전을 그리워하는 노스텔지어에 빠져서는 안 된다고 경고하며, 이 자본이 기능하기 위해서는 인간관계가 평등하지 않으면 안 된다고 말하고 있다. 분명 그것은 예전의 공동체에 대한 향수와 같은 것으로 여겨지기 쉽다. 실제로 건국 이래 미국의 애국심과 사회관계 자본을 연결시켜 말하는 이들도 있다. 더욱이 사회의 개인화가 진행되는 현재와 같은 원자화의 상태가 되면 예전 공동체에 대한 향수가 강해진다. 그런데 2001년 9.11 이후 미국은 일시적으로 사회관계 자본론을 필요로 하지 않을 정도로 이상한 일체감을 가진 사회가 된 적이 있다. 이러한 의미에서도 자율적인 개인이 평등하게 타자와 연대하는 자치 도시의 시민문화 구조를 항상 다시 상기해볼 필요가 있다.

최근 퍼트남이 편집한 책 《유동하는 민주주의》에서는 통상적으로 사회관계 자본론에서 결사체가 가장 주목받지만, 그것은 어디까지나 사회관계 자본의 한 가지 형태에 지나지 않고, 중요한 것은 비공식적인 사회적 관계라고 말한다. 실증적으로 사회자본의 타입을 나누는 기준으로서 다음 세 가지를 들고 있다.

첫째는 긴밀한 것과 희박한 것, 곧 강한 유대를 가진 것과 약한 유대를 가진 것, 둘째는 내향적인 것과 외향적인 것, 곧 멤버의 이익을 추구하는 것에 전념하는 것과 공공의 것을 지향하는 것, 셋째, 교량형과 접착형, 즉 민족과 같이 상호 비슷한 이들 사이를 묶는 것과 타자성이 강한 사람 사이를 묶는 것 등의 세 가지 기준이다.

이 기준에 따르면, 교량형에 외부지향성을 가진, 대체로 비공식적이며 약한 유대를 가진 사회관계 자본이 향후 시민사회의 발전에서 가장 중요할 것이다. 마피아집단도 실제로 사회관계 자본의 한 가지이므로, 사회관계 자본에는 시민사회에서 부정적 효과를 가진 것과 비시민적인 것도 있음을 잊어서는 안 된다. 이런 비시민적인 사회관계 자본은 시민사회에서 장애물이 된다.

사회관계의 해체와 그 극복이 가장 중요한 과제가 된 현재, 사회관계 자본이 주목을 받는 것은 당연하다. 확실히 시민사회에서 사회관계 자본은 중요한 지위를 차지하고 있다. 여기서 사회관계 자본이 시민사회를 만들고, 시민사회가 사회관계 자본을 증폭시켜 가는 식의 상호 관계를 발견할 수 있다. 또한 최근 이러한 사회관계 자본의 창출을 위해서 정치가 적극적으로 협력·지원해야 한다고 강조되고 있다.

시민적 공공성公共性과 일본 사회

사회관계 자본과 마찬가지로 최근 빈번하게 사용하게 되는 '시민적 공공성'이라는 개념도 일본에서는 그다지 익숙하지 않은 용어이다. 이것은 사회관계 자본과는 다르게 오히려 시민사회를 구성하는 개개의 인간의 자세와 멘탈리티에 관련된 부분이 많다.

1971년부터 1976년까지 발행된 《시민》이라는 시민 운동이나 주민 운동을 위한 잡지는 타이틀 자체가 당시 사회에서 위화감을 초래한 것이었지만, 이 잡지에서조차도 '시민적 공공성'이라는 개념은 거의 사용되지 않았다. 시민은 등장하지만 그들이 만드는 시민적 공공성은 아직 사람들에게 인식될 만큼 형성되어 있지 않았던 것이다. 오히려 당시의 운동은 '공공성을 쳐라'라는 깃발을 내걸고, 그 시대 사람들이 생각하고 있던 공공公共, 곧 국가적 공공에 대항하였다. 그 가운데 적극적인 시민적 공공성의 필요성을 강조한 학자가 있었다. 바로 철학자 구노 오사무久野收이다. 조금 길어지지만, 당시의 증언자의 말을 인용하고자 한다.

시민 운동은 국가 및 자치체, 대기업이 강요하는 '국가 공공公共'의 이름에 의한 생명과 생활의 파괴에 대해서 인간의 정념情念으로부터 저항하는 운동이다 … '하지만' 사적인 정을 담은 운동, 영원히 제도화를 거부하는 운동으로부터 새로운 '공공公共'을 낳는 운동으로 서서히 나아가지 않는다면 시민은 정치적 주체가 될 수 없을 것이다.

시민 운동이 아래로부터 '공공公共'적 공통 의지를 어떻게 만들어 낼 수 있을 것인가. 공통의 피해를 어떻게 공적으로 해결할 수 있는가의 문제로 나아가려면 공통의 피해만이 아니라 문제 해결의 원리와 방향에 관한 적극적 '합의'가 필요하게 된다. '합의' 가운데 자신의 의지를 담고, 거꾸로 '합의'에 따라서 자신의 의지와 감정을 묶지 않으면 안 된다.

기존의 혁신 운동의 기구화, 관례화에 대한 반발의 결과 자기 학습self-studying과 사사로운 정을 담았다는 점에서는 시민 운동이 큰 족적을 남기게 되었지만, 집단적 '합의'의 적극적 형성, 시민적 '공공'의 창출이라는 점에서는 이제 큰 일보를 막 내딛기 시작하였다 … 의지의 주체, 합의의 주체를 형성함이야말로 '공공'의 이름을 독점하는 '기존체제'에 대한 진정한 연대 의지와 진정한 '공공'을 형성을 가능하게 하는 것이다. 이 공공적 합의의 형성에 기여한 잡지 《시민》의 역할은 무엇과도 바꿀 수 없을 만큼 큰 것이다.

이것은 제1차 《시민》의 종간호(1974년 5월에 일단 휴간, 1975년 9월 재간행)에 실린 구노의 글의 한 부분이며, 여기서 새로운 공공, 곧 시민적 공공성의 창조를 주장한 선견성이 발견된다. 국가=정치시스템이나 대기업=경제시스템에 대항하는 가운데 적극적인 시민의 합의에 따른 시민적 공공이 만들어지지 않으면 안 되며, 그 프로세스는 막 시작되었다고 말하고 있다.

구노 오사무의 시민적 공공성은 말할 것도 없이 지금까지 소개한 하버마스 등의 분석적인 시민적 공공성론과는 약간 차이가 있다. 영국에서도 국립학교와 사립학교와 공립학교가 있는 것과 같이, 구미에서는 '공公'과 '사私'와 '공공公共'을 나누어 생각하는 경우가 많다. 구노 또한 대체로 삼분법으로 사고하고 있는 것으로 보인다. 최근 공공 철학자들이 논의의 대상으로 하고 있지만, 이 경우에도 마찬가지로 반드시 하버마스류의 새로운 시민사회론이 완전히 중첩되지는 않지만, 기본적인 발상에서 거의 일치하고 있다고 할 수 있다.

'공공公共' 즉, 퍼블릭public을 생각할 때 특히 일본의 경우 그 성립이 늦어, 최근에야 비로소 국가 공공이 아닌 시민적 공공이 논의의 대상이 되었다. 이때 출발점은 공公과 사私의 관계인데, 이 관계는 각 문화와 역사적 단계에 따라서 국가 마다 차이가 있고 일본도 특수한 구조를 가지고 있다.

일본의 경우 '공公'과 '사私'는, 공(정치 및 행정을 포괄하는 조직과 기관, 국가 정부나 지방공공단체. 과거 조정과 막부幕府 등을 의

미함, 일본어로는 오오야케おおやけ로 표기 -역자 주)과 나 자신으로
서, 번역에서는 '공'과 '사'로 표현되었다. 그래서 일본에서
는 '공'과 '사'는 위와 아래, 밖과 안, 겉과 속의 관계로 이
해되었고, 더욱이 상하 관계로서 사용된 경우가 많다. '공'
과 '사'는 대등하지 않고 멸사봉공으로 유도되기 쉽다. 정
치학자인 와타나베渡辺造는 '공'과 '사'의 관계는 겹상자와
같은 형태라고 한다. 큰 '공'[오오야케]의 상자 속에 복수의
'사'가 담겨 있고, 이 '사' 안에도 작은 '사'가 있어 큰 '사'
가 작은 '사'에 대해서는 '공'이 되는 식으로 연쇄적으로
최소의 '사'에 이르게 된다.

'공'은 큰 집이라는 뜻으로, 에도江戶 시대 에도의 막부
가 다스리는 곳[御公儀]으로 불렸고, 그 주재자는 다스리는
분[公方]이라고 불렸다. 그리고 직할령은 공과公科로 불렸
다. 이에 견주어 다이묘[大名]의 영지[所領]는 사령私領이었
다. 그러나 한 가문 안에서는 다이묘는 다스리는[公儀] 즉,
공으로 일컬었다. 각 차원에서 '아래'에 있는 사람이 '위'
를 받들어 일하는 것이 봉공이며, 그러한 의미에서 받들
어 일하는 사람[奉公]은 마을 사람, 백성의 집에도 있다.
이처럼 일본에서 '공'과 '사'는 문자 그대로 겹상자 형태이
며, '사'는 항상 '공'을 받들지 않으면 안 되는 구조이다.

여기서 알 수 있듯이 '공' 안에 퍼블릭public(공중)은 없으며, 다만 공중公衆이란 용어는 화장실, 전화, 위생 등 한정된 범위에서만 사용된다. '공'과 '사'는 상하관계에 놓여 있음과 동시에 '공' 안에는 민중은 없으며, 그것은 실질적인 관官이었다.

중국의 경우에 '공'은 공통의 것, 공동의 것으로서 공용차는 사람들이 공동으로 사용하는 것이다. 그것이 관의 훌륭한 사람이 타는 차가 아니다. 하지만 중국의 경우에도 '공'에 민중이 포함되어 있지는 않다. 이에 견주어 구미 특히 영국에서는 이러한 공중public이 일찍이 성립되었다. '공'의 비교 연구는 용어와 실체 두 방향에서 이루어져야 하겠지만, 일본에서처럼 상하 관계로서 겹상자형의 공사 관계가 성립되는 경우에는 공중이 성립되기가 상당히 어렵다.

구노가 고도성장 말기에 전개된 새로운 사회 운동 가운데서 시민적 공공성의 맹아를 본 것은 결코 우연이 아니다. 그에 따르면 일본에는 '권력에 저항하는 시민'이라는 발상이 결여되어 있어, 전쟁 중에도 계급이나 민족의 시각은 있어도 시민의 시각은 없었다. 따라서 마르크스주의를 받아들일 때에도 프랑스의 시민적 전통은 모두 제거하여 프랑스에서와 같은 '권력에 저항하는 시민'이라는 발상은 없었다고 한다. 그는 시민주의다운 '저항하는 시민'을 당시의 시민 운동과 주민 운동을 추적하여 찾아, 거기서 새로운 발전을 기대하였다.

그러한 의미에서 일본의 전후사를 개관할 때, 1960년의 안보 투쟁은 다른 의미를 가지고 있다. 그것은 안보 조약 개정에 반대하는 운동으로 시작되었지만, 경찰관을 투입하며 국회가 단독 체결을 강행한 시점부터 민주주의 옹호 운동이 되었다. 이는 처음에는 일부의 세력에게 운동의 왜곡이라고 비난을 받았지만, 이후 많은 사람들이 운동에 자주적으로 참가하게 되었다. 시민혁명을 경험한 적이 없는 사람들이 처음으로 권력에 대한 대항이라는 것을 체험하게 된 것이다. 그 중요함을 알고 경험한 것에 안보 투쟁의 의미가 있다고 할 수 있다. 이는 안보 조약의 개정과는 다른 별개의 문제이다. 이렇게 처음의 경험이었기 때문에 사람들은 무엇인가에 쏠리는 듯 운동에 참가하게 되었을 것이다. 그리고 이것이 이후의 시민 운동, 주민 운동으로 이어지게 되었다. 그리고 이러한 운동에서 더 적극적인 참가, 더욱이 볼런티어 활동, 개호, 마을 만들기 등의 광범위한 사회 참여가 등장해서 그 결실로서 1990년대에 시민적 공공성이 나타나게 되었다.

일본에서 시민적 공공성은 그 역사적 경험이 아직까지 약하게 존재하는데, '제2세대'의 이면에서 전개된 사회의 원자화와 해체, 그리고 거기에 호소하는 포퓰리즘의 대두에 말미암아 그 기반이 무너지게 되었다. 또한, 국가가 공공의 비능률을 개혁하기 위해 민영화의 필요를 촉구하는 네오-리버럴리즘(신자유주의)의 목소리를 크게 냄에 따라 '공公'에 대한 '사私'의 중요성을 강조하게 되자, 중앙의 정치 및 자치체 행정 가운데 시민적 공공성의 문제가 망각되는 경향도 있다.

사회 현상에는 언제나 긍정적인 측면과 부정적인 측면이 함께 존재한다. 따라서 다음은 이러한 부정적인 측면으로서의 포퓰리즘의 전개에 대해 다루어보기로 한다.

제4장

흔들리는 시민사회

1. 포퓰리즘의 역사적 양상

사회의 원자화, 단편화

최초의 근대사회에서 가장 큰 특징은 개인의 확립과 인권의 확대가 이루어진 것이라고 하나 동시에 조직의 시대가 열린 것이라고 할 수 있다. 보다 정확하게 말하면 개인은 조직 속의 개인으로서 자기주장을 펼칠 수 있었다. 확실히 근대의 발전과 함께 전근대적 조직은 해체되거나 모습이 변화되었다. 근대적 개인은 자발적인 결사단체나 직업과 능력을 바탕으로 결성된 조직을 통해서 발언했다. 시장주의의 발전과 함께 발생한 빈부의 격차도

'빈곤한 집단의 연대'로서의 노동 운동에 따라 극복해갔다. 개인화가 심화되는 가운데 발생하는 이러한 모습이 모순적으로 보일 수도 있지만, 유럽에서 보이는 하위문화 sub-culture, 즉 계층적, 종교적, 인종적, 언어적으로 하위문화가 만들어지는 것은 19세기 말부터로 정치 조직으로써 정당 또한 하위문화로서 결성되는 경우가 많았다. 이러한 조직은, 국가에 따라서, 이후에 네오-코퍼라티즘 neo-corporatism이라고 하는 형태로 정책 결정을 지배하게 되었다. 그뿐만 아니라 생활의 차원 안에서도 핵가족이 기초 조직으로서 사회 통합의 기반으로 떠올랐다. 개인과 조직은 모순적 관계가 아니며, 개인은 조직을 통해서 실현되는 것임과 동시에 조직을 통해서 실현될 수밖에 없는 것이다.

그러나 20세기가 끝나갈 무렵, 근대가 만들어낸 조직은 나름의 기능을 상실하였다. 노동자 계층의 생활이 향상되고, 국민 생활이 획일화 되어감에 따라 연대감을 상실했다. 네덜란드나 벨기에와 같이 견고한 하위문화의 연합에 따라 구성된 사회(다극 공존형 사회)도 그 형태는 남아 있더라도 하위문화라고 하는 기본이 되는 조직은 이완된 것이다. 이것뿐만이 아니라 핵가족도 더 작은 핵으로 나뉘는 경향이 있으며, 이혼, 양육의 실패, 가정 안의 폭력 등 친밀권으로서의 기능을 충분히 달성하지 못하게 되었다.

이처럼 계급이나 하위문화, 가족에 대한 귀속성은 희박해지고, 개인의 존재가 한층 더 두드러진 것이다. 이러한 가운데 부상한 개인은 연금, 복지, 육아 등의 현상을 통해서 볼 때 분명 새롭고 포괄적인 사회 제도에 따라 보장되는 동시에 제약받게 되면서 개인의 사회 의존도는 오히려 더 높아지고 있다고 할 수 있다. 그러나 이러한 요소들 때문에 문제가 발생한 경우에도 그것을 개인적 수준으로만 받아들이고 말았기 때문에 문제가 제대로 인식되지 못하였고 정치화, 사회화하기도 어려웠던 것이다.

이처럼 의견 형성과 결정이 개인에게 맡겨져 개인이 책임을 지는 것이 원칙이 되었기 때문에 이른바 '2/3의 사회'라고 하는 차별 사회가 나타나게 되었다. 남은 1/3 가운데서 새롭게 격차가 발생한다 하더라도 이는 조직화하지 못하고 '새로운 빈곤은 침묵 속에서 사라져 가고, 침묵 속에서 성장한다'(Ulrich Beck). 게다가 시대감각도 떨어져 지각하는 시간 범위가 좁아짐에 따라 역사 인식의 희박화도 심해지고 있다. 제각각의 개인은 수평적인 관계에서도, 수직적인 관계에서도 그 유대관계를 잃어가고 있다.

이러한 상황은 개인화가 자기 실현파의 증식으로 개인들 사이의 연대를 강화하는 방식을 따라가지 않는 한 극복되지 못할 것이다.

그러나 이러한 상황을 제쳐두더라도, 이 원자화, 단편화를 자신들에게 유리하게 이용하려고 하는 정치 세력이 존재한다. 포퓰리즘 우익이 그 가운데 하나로서, 이 포퓰리즘 우익은 유럽에서는 이미 주변부에서 중심부로 이동을 계속하고 있다.

2. 포퓰리스트의 역사적 유형

포퓰리즘이라는 용어는 사람people, 人民에 바탕을 둔 개념이라는 점을 뺀다면, 사실 매우 애매하고 역사적으로도 여러 가지 현상에 사용되어온 용어이다.

(1) 미국의 포퓰리즘

미국의 포퓰리즘은 19세기 말의 미국 농민 운동과 그것을 대표하는 인민당을 가리켰다. 옥스퍼드 영어사전에 따르면, 영어에서 이 단어가 사용되기 시작한 것은 19세기 말이며, 인민당의 정책이나 주장을 가리키기 위한 통칭으로서 넓게 사용된 것이었다. 그러나 미국에서는 이것에 국한하지 않고, 인기를 얻는 정치 현상을 표시하는 단어로 일반적으로 사용했다. 그들은 페로, 롱, 월레스와 같이 확실히 포퓰리스트라고 생각되는 정치가뿐만이 아닌, 클린턴, 고어도 이 범주 안에 넣기도 했으며, 그럴수록 이 단어는 한층 더 애매해지게 되었다. 그러나 역사적 현상으로서 생각한다면 19세기 말의 인민당과 그들의 운동을 포퓰리즘의 효시로 보는 것이 적합할 것이다. 미국의 포퓰리즘은 남북전쟁 이후에 발달한 은행에 따라 금융 지배가 진전되었고 교통혁명에 의해서 서부개척의 추진체였던 도로 자본이 서부와 남부의 독립 자영농민을 억압하였을 때부터 발달하기 시작하였다. 이와 같은 조류에 대항하여 농민 운동이 발생하였고, 이러한 농민은 건국 이래 미국을 지탱해온 독립 자영농민, 주권적 인민이었다. 그들을 대표하는 인민당은 억압당한 사람들을 위해 개혁을 목적으로 한 점으로 보아 진보적이었다. 그러나 동시에 잃어버렸던 사회 계층의 복권을 목표로 하며 구 지방 공동체에 바탕을 둔 옛 질서에 향수를 가지고 있던 점은 반동적인 성격을 가지고 있기도 하다. 포퓰리즘은 적어도 그 출발점에는 진보성과 반동성이란 양 측면 모두를 가지고 있다는 사실을 기억해야 할 것이다. 이 양자가 가진 비중은 시대의 상황에 따라 변화하는 것이다. 그러나 인민당에는 카리스마적인 인물이 존재하지 않았고, 1896년의 대통령 선거에서 실패하면서 그 뒤 급속하게 힘을 잃어갔다.

(2) 라틴 아메리카의 포퓰리즘

역사적으로 보아 다음으로 중요한 것은 20세기 중엽의 라틴 아메리카의 페론Juan Domingo Perón(아르헨티나)과 베르가스Getulio Vargas(브라질)에 말미암아 표출된 포퓰리즘 운동이 있다. 페론은 군인이었으며 이탈리아의 무솔리니에게 영향을 받았고, 노동 운동과 대중을 지지, 지원하는 입장을 고수하였다. 이러한 의미에서 좌파적 외관을 가지고 있었다고 할 수 있다.

그 특징으로는 ① 소수의 지배에 대한 반대(반 과두정치), 반 제국주의, ② 도시 중산계급의 지도 아래 노동자와 농민의 결집, ③ 정책으로서는 사회 입법이나 수입대체 공업화라고 하는 형태의 개발주의, ④ 카리스마에 따른 대중 동원과 제도 경시 등을 제창하는 것이다. 일면으로는 사회개혁파로서의 특색을 가지고 있다. 그러나 물론 자본주의는 부정하고, 내셔널리즘(국가주의)을 강조하며 노동자의 자율성을 요구한다고 하나, 권력과 결합하면서 그들을 억압한다. 여기서도 진보성과 반동성이 동거하고 있는 것이다. 다만 라틴아메리카에 놓여 있는 역사적 상황이 그들에게 개혁자적 입장을 취하도록 하여, 라틴 아메리카에서는 그들이 사회 민주주의적 흐름을 대변하는 것으로 보이는 것이다.

(3) 포퓰리즘 우익

19세기 중엽의 러시아의 나로드니키narodniki[러시아에서 브나로드(인민 속으로) 운동을 슬로건으로 내세우고 경지해방을 주장한 러시아 혁명 전야의 혁명적 인텔리겐치아 집단, 러시아어의 국민에서 유래한 것으로, 그 운동을 국민주의라고도 함 -역자 주]와 1930년 이후의 캐나다의 사회신용당 또한 포퓰리즘 속으로 합류한 사례였다. 이에 더해 대표적 포퓰리즘의 예를 한 가지 더 든다고 한다면 세 번째로는 '제2근대'의 유럽에서 등장한 포퓰리즘 우익이 있다. 이 새로운 포퓰리즘은 글로벌리제이션에 따른 이민의 흐름에 대해 반 이민 운동을 전 개하고 이 위에서 새로운 포퓰리스트 정당을 만들어 회의 제 민주주의에 참여하는 것을 그 특색으로 꼽을 수 있다. 이것은 전후의 복지국가와 정당정치, 곧 꾸준히 보급되고 있는 다문화주의와 글로벌리제이션에 대한 반대 운동의 움직임이다. 또한 이민을 희생양으로 삼고 내셔널리즘(국 가주의)이나 정치 부패의 제거를 주장하며 그러한 가운데 자극적 언어를 조작하는 카리스마가 존재하는 특색을 가 지고 있다. 이러한 공통점을 가지고 있긴 하지만 이 새로 운 포퓰리즘은 각국의 역사와 문화에 따라 주안점을 둔 방향, 현상, 형태가 모두 다르다.

① 오스트리아의 하이더Jörg Haider

포퓰리즘 우익의 중심 안에서 더욱이 전형적인 형태는 하이더에 따라 인솔된 오스트리아의 자유당이라고 할 수 있다. 오스트리아의 자유당은 1999년 10월 총선거에서 일 약 26.9퍼센트의 득표를 얻어 제2정당이 되었으며 연합 정권의 파트너가 되었다.

전후 오스트리아는 사회민주당과 국민당의 연합 정권= 대 연합 정권이 계속되어 왔으며, 게다가 장관직이나 그

밖의 관직 등도 모두 정당 세력에 맞추어 비례 배분을 하
는 소위 비례제 민주주의와 노동조합 등의 거대 조직에서
만들어낸 네오-코퍼라티즘neo-corporatism이라고 하는 정
당 체제가 만들어져 왔다. 자유당은 장기간 계속되어온
이 비례제에 바탕을 두고 연합 정권과 네오-코퍼라티즘
을 비판하며 등장하였으며, 주요 정책은 이민의 즉각 정
지 등 과격한 외국인 대책이었다. 그러나 진보적 정책을
제안한 것도 있기 한데, 예를 들어 약자에 대한 정책으로
서 110만의 자녀 양육 여성의 빈곤한 생활을 구제하고자
육아 수당 대상을 6세가 될 때까지 모든 아이들로 확대할
것을 공약으로 내세우기도 했다. 그러나 하이더는 히틀러
를 가장 존경하는 카리스마로 여겼다. 이런 하이더가 자
유당 정권에 합류하자 EU의 모든 국가가 반발해 오스트
리아는 외교적으로 고립되었다. 그러나 정권에 참여하게
되자 국민당의 정책을 그대로 쫓아 자유당다운 정책은 전
혀 펼치지 않았다. 결국 자유당은 분열하여 2002년 총선
거 이전에 이미 지지율이 10퍼센트 이하로 떨어져 선거에
서 패배하고 말았다. 자유당 지지자의 많은 수는 남성,
젊은이, 노동자(블루칼라)로서 그것은 근대의 정당 지지 구
조의 변화를 짐작하게 한다.

② 네덜란드 포르타인Fortuyn당

다문화주의의 관용과 경제적 성공으로 유럽 대륙 안에서도 포퓰리즘에 대한 저항이 더욱 강하다고 간주되었던 네덜란드에서도 포퓰리즘 우익이 극적으로 진출할 수 있음을 보여주었다. 2002년 5월의 총선거에서 포르타인 정당이 17.8퍼센트의 지지율을 획득하여 제2당으로서 연합 정권의 파트너가 되었던 것이다.

포르타인Pim Fortuyn은 그 해 2월에 신당을 만들어 그때까지는 금기시 해온 이민 문제에 대해 정면으로 맞섰다. 그러나 총선거 직전에 동물애호 운동가라고 하는 사람에 의하여 사살당했다. 이 일은 지금까지 유력 정치가의 암살을 경험한 적이 없던 네덜란드 국민에게 큰 충격을 주었고, 그것은 총선거에서 명백한 승리로 이어졌다.

포르타인은 사회학자였으며 동성애자였다. 그는 이슬람교에 대해 거칠게 비판하였는데, 그것은 이슬람교가 남녀평등 등 유럽적 가치에 반反하고 있기 때문이었다. 그는 이러한 주장으로 다른 극우 집단과는 구별되는 특색을 나타내었다. 그는 원래 '살기 좋은 네덜란드'라고 하는 주민 참여 운동을 바탕으로 한 신당의 선두 후보자였으나, 그의 과격한 이민 정책 때문에 리스트에서 제외되어 다른 신당을 새롭게 만든 경력도 있었다. 톱 리더가 동성애자이며 시민 정책의 중심에서 등장했다는 점 등은 예전의 우익과는 달랐다. 그는 '제2근대'의 신우익이라는 측면에서 자신만의 강한 색채를 가지고 있었던 것이다. 그러나 기본적으로는 다른 새로운 포퓰리즘과 공통점을 가지고 있기도 하다. 도시의 젊은 층, 저학력자에게 많은 지지를 얻어 '헤이그의 과두 지배층'이라고 불리었던 기성 정치가들을 강하게 비판하였다. 네덜란드는 네오-코퍼라티즘의 국가인데 그런 결정 시스템도 강하게 비판하였다.

그러나 포르타인이 없는 포르타인 정당은 분열하기 시작하여 내각에서 배제되고 2003년 1월 선거에서는 대패하기에 이르렀다. 그렇지만 그가 네덜란드 이민 정책의 비관용적인 경향을 띄게 만든 점에는 일정 부분의 효과를 냈다고 할 수 있겠다.

그 밖의 유럽에서는 프랑스나 이탈리아에서도 비슷한 포퓰리즘적 우익의 대두가 현저하게 나타났으며, 21세기의 하나의 풍경이 되어 가고 있다. 이것은 새로운 포퓰리스트를 지탱하는 사회적 조건이 생성되고 있기 때문인 것이다. 유럽에서 새로운 포퓰리즘은 지금까지 역사에 등장했던 포퓰리즘과는 또 다른 형태로서 반동성이 강하다.

물론 개혁자의 모습이 빠지면 포퓰리스트가 될 수 없는데, 대항 체제가 성숙했으나 일찍이 그와 같은 큰 결함에 빠져 있었기 때문에 포퓰리스트로서의 긍정적인 면이 거의 사라지고 있는 것이다. 이처럼 포퓰리즘이라 하더라도 대항하는 질적 성격에 따라서 그것이 평가되는데, 유럽에서는 역사의 흐름에 따라 그 반동성이 점차 커지고 있다.

포퓰리즘 우익과 전통적 우익을 구분하는 경계선을 긋는 것은 매우 어렵다. 전후 유럽의 우익은 나치즘과 파시즘의 재편이라는 모습을 띠고 있었으나 그것이 독일이나 이탈리아에서도 크게 성장하지는 못했다. 그러다가 이민 문제와 더불어 그에 대항하는 새로운 포퓰리즘이 등장하게 됨으로써 우익 세력은 새로운 에너지를 획득하게 된 것이다. 물론 전후 우익과의 관계는 미묘한 부분도 존재한다. 새로운 포퓰리즘은 전후 우익이 모체가 되어 만들어졌고, 전후 우익이 새로운 포퓰리즘이 제기한 쟁점을 자신들의 쟁점화하여 받아들였기 때문에 그들의 경계선은 더욱 애매하게 되어버렸다. 그러나 더 광범위한 관점에서 보았을 때 전후 우익은 새로운 포퓰리즘 우익의 일부로서 흡수 되었다고 보아도 무방할 것이다.

3. 포퓰리즘의 공통성

포퓰리즘이라고 불리는 것에는 분명한 공통의 경향성이 있다. 현대의 새로운 포퓰리즘을 염두에 두면서 공통으로 고려되는 점을 정리해보자.

중핵 개념으로서의 사람〔people, 민중〕

포퓰리즘은 그 명칭대로 사람을 중핵 개념으로 두고 자신들이 그 사람들을 대표한다고 주장하며 그들의 인기를 독점하고자 한다. 이 사람들은 결속력이 강한 존재로 생각되지만, 사실 정서적인 실체가 없으므로 여기에는 다양성이나 다원성이 침투해 들어올 여지가 없다. 그들은 눈에 보이지 않는 존재이기 때문에 종종 '침묵하는 다수파silent majority'라고 인식된다.

이 침묵하는 다수파와 현존하는 체제 가운데 균열이 발생하였다고 생각될 때, 바로 그 시점이 그들이 나서야 할 때인 것이다. 그러한 균열이 만들어지는 원인은 정치 부패를 포함한 정치의 정체 현상, 대기업이나 과두제, 이민, 난민에 말미암은 '특수 이익'을 주장하는 경우라고 한다. 이러한 때 '침묵하는 다수파'에 호소하여 이들을 동원하여 '위기'를 극복해내자고 하는 것이다. 그러한 가운데 사람들을 동원하기 위해서는 아주 단정적인 용어를 시작으로 극도로 자극적인 용어를 사용한다. 최근에는 위기가 존재한다는 것을 증명하기 위해서 민족의 유전자(DNA)를 거론하기도 하고(그들은 "범죄자의 유전자(DNA)를 가지고 있다!"), 일정한 그룹을 악마화하기도 한다("알 카에다의 공모자!"). 나아가서 이러한 사람들이 어떤 음모를 꾸미고 있다고 하는 음모설을 유포하기도 한다. 적어도 이러한 방식으로 동원하는 경우는 증오의 대상으로서 특정한 '제물〔희생양, scapegoat〕'이 필요한 것이다.

폴 타가트Paul Taggart에 따르면, 이 사람들은 '하트랜드heart land(마음의 고향)'에 머무는 사람들이고 포퓰리즘은 이런 민중의 마음의 고향을 불러일으키는 것을 목적으로 한다. 물론 하트랜드는 무엇보다 상상의 영역에 속하는 것으로 이상과는 다르다. 이상이나 유토피아는 머릿속에서 만들어내는 것이지만, 하트랜드는 어떤 정서의 결과라고 할 수 있다. 그런데 과연 어떤 사람이 '일본인의 마음'을 가졌다고 여겨질 때 그를 일본 사람들이라고 할 수 있는 것일까?

타가트에 따르면 두 번째 하트랜드의 특색은 내부 지향성이 있고 섬나라 근성을 가지고 있으며 그런 점에서 인터내셔널리즘internationalism(국제주의)이나 코스모폴리타니즘cosmopolitanism(세계주의)을 꺼려한다. 내셔널리즘(국가주의)이야 말로 하트랜드의 가치를 상징할 수 있는 것이다. 다문화주의가 공통의 과제로 고려되고 있는 현대에서도 이러한 내셔널리즘을 불러일으킨 기원은 영원히 사라지지 않을 것이다. 예컨대, 포퓰리즘이 적극적 의미를 나타내는 경우에 '중부 아메리카Middle America'나 '나로드(러시아어로 인민)'로 대표되는 포퓰리즘의 상징 같은 것이 등장하는 것이다.

기성 체제에 대한 반항

현대 포퓰리즘이란 단어는 반드시 민주주의를 부정하는 것은 아니지만, 실질적으로는 민주주의 제도에 대한 도전을 포함한다. 기성 체제에 대하여 반대하는 것이라 해도 앞서 서술한 바와 같이 그 반대하는 체제의 질에 따라 포퓰리즘의 구체적 형태가 달라지게 된다. 그러나 새로운 포퓰리즘에서는, 가치의 다원화에 바탕을 두어 체제 리더 사이의 타협이 이루어지고 그것이 초래하는 폐쇄감이 드

러난다. 여기서 적당한 희생양의 존재가 강조되며 이를
부각하기 위해 강한 리더십으로 단정적 언어를 구사한다.
동시에 각각 원자화해 발언력을 가지지 못하였거나 또는
발언을 하려고 하지조차 않는 사람들이 이런 조류에 공감
하며 갈채를 보낸다. 이때 쓰는 단어는 사용 단어의 품격
이나 실제 내용에 대해서는 전혀 고려하지 않은 채, 다만
사람들의 인기를 얻을 수 있는 것이라면 어떤 말이라도
한다. 이런 과정에서 결국 정치 세계는 언어의 빈곤에 빠
져들게 된다.

그러나 정책적으로는 새로운 포퓰리즘에서도 개혁자적
자세를 유지하는 것이 필요하다. 오스트리아의 하이더와
그 주변인들은 육아 수표의 지급을 제창하였는데, 그것은
마치 대형 은행에 대한 외형적 표준 과세 같은 것이라고
도 할 수 있다. 그러나 그들이 어떤 정책을 내세우건, 정
책 결정은 상의하달 방식이기 때문에 카멜레온처럼 수시
로 변경되고 말았다. 간략히 정리하면, 정책적인 체계성
은 전혀 없고 그때 상황에 따라 사람들의 인기를 얻을 수
있는 것이라면 무엇이라도 괜찮다는 자세였던 것이다. 과
거 그 유명한 히틀러도 어떤 백화점을 공격할 때 그것이
유대인이 운영하기 때문에 공격한다고 하여, 구 중간계층

시민의 갈채를 받았던 사례가 있다.

제도화와 포퓰리스트

본래 포퓰리스트는 무한한 동적 특성이 있어 제도화를 꺼려한다. 제도화를 이루게 될 경우 운동 상태는 에너지를 잃게 된다. 따라서 그들이 정권에 참여하게 되면 실제로 그 에너지를 상실하여 자기의 정책을 관철하지 못하는 경우가 많다. 원래 카멜레온적으로 정책 대응을 해왔기 때문에 절차를 밟아 정책을 시행하는 것에는 서투르다.

그들은 일단 정권에 참여하게 되면 곧잘 내부 분열을 거듭하게 되는데, 오스트리아에서도 네덜란드에서도, 연합 정권에 합류하는 데까지는 성공하였지만 그 어떤 경우에도 결국 당은 분열되었다. 그들은 '반대 의견을 가진 집단'에 대하여 불관용적이며 반대로 불관용에 대해서는 관용적이라는 묘한 특징을 가지고 있으나, 이러한 점이 내부적으로도 적용되어 분열로 이어지게 되는 것이다. 테러리스트를 근절하기 위하여 경찰을 강화하자라고 하던 당사자 본인이, 폭탄을 요인에게 던지는 행위를 용인하는 일이 있는데, 이것은 위와 같은 정신 구조에 따르는 것이다. 만약 당내의 반대가 전개될 경우는 기필코 강압과 추방을 원할 것이다.

포퓰리스트와 정치 스타일

　지금까지 근대의 변용에 수반되는 새로운 포퓰리즘을 주제로 하여 포퓰리즘의 일반적인 특징에 대하여 살펴보았다. 새로운 포퓰리즘이야 말로 매우 전형적인 현상이며, 어쩌면 '제2근대'에서는 정치나 사회에서 일상적 요소가 되는 것은 아닌가라고 생각되었다.

　그러나 이 포퓰리즘에도 유연한 포퓰리즘과 경직된 포퓰리즘이 있다. 전자는 사람들의 인기에 의존하며 사람들의 영향을 받는 정도가 심하며 결국은 자기의 목적을 이루지 못하는 경우가 있다. 이와 달리 후자는 강한 리더십 아래에서 자기 나름대로 만들어낸 이미지에 따라서 사람들을 끌어당기며 어떠한 형태로든 하트랜드heart land, (마음의 고향)를 구현화하려는 것이다. 일본의 이시하라 신타로石原愼太郎 도지사와 같이, 확실한 포퓰리즘이라고 생각되는 현상이 출현한 경우 이제 그것이 경직된 포퓰리즘일까, 유연한 포퓰리즘일까를 객관적으로 본질을 밝혀내는 시각이 필요하게 된 것이다. 더욱이 포퓰리즘이 기성 체제 밖에서가 아니라 그 안에서부터 시작된 경우에 그

본질을 밝혀내기란 매우 어렵다.

포퓰리즘을 단순히 정치 스타일의 문제로 여기는 관점도 있다. 분명 포퓰리즘에서 정치 스타일이 가지는 비중은 매우 크다. 정책의 체계성이 보잘 것 없는 것일수록 스타일 부분이 클로즈업된다. 더욱이 매스컴과 텔레비전이 발달한 오늘날, 이러한 정치 스타일은 큰 호소력을 가지며 결국 텔레비전이 포퓰리스트를 만들었다고도 할 만한 가능성이 충분히 있다. 확실한 방향성을 상실한 채, 각기 원자화되고만 현대의 사람들에게는 포퓰리스트의 스타일로 단정적인 단어와 공허한 약속을 내세우는 정치가가 그것을 실현하느냐 마느냐는 접어두고, 심각한 판단을 하지 않은 채 그저 따르도록 만든다고 하는 이점을 가진다. 이런 점에서 하나의 통치 형식으로 떠오르는 면만 있는 것이 아니라 일시적으로 정치 안정을 가져오기도 한다는 것이다.

그러나 이러한 스타일에만 주목하는 견해에 얽매이면, 인기를 얻는 일반 정치가나 포퓰리즘 우익이나 다 같이 흡사한 것으로 이 범주 안에서 처리하게 된다. 그렇게 되면 이 현상 고유의 특징을 역사의 국면 속에 비추어 생각하는 것이 불가능하게 되어 버린다. 여기서는 그러한 의미에서 역사적 고찰이라고 하는 방법을 채택하였다. 말하자면, 새로운 시대의 포퓰리즘이 역사 속에서 어떤 구실을 감당하는가 하는 점을 항상 생각하면서 그것에 대항하고자 하는 본연의 자세를 찾아보고자 하는 것이다.

4. 내셔널리즘의 고찰

쁘띠 내셔널리즘

포퓰리즘은 더욱이 국가의 역사, 문화, 발전 단계에 따라 그 현상과 형태가 다르다고 이야기했다. 그렇다 하더라도 포퓰리즘 현상을 고찰할 때 포퓰리즘과 연관되는 주변의 상황에 대해 여러 각도로 생각해보는 것이 중요하다. 그러한 의미로서 일본 안에서 현안들과 관련되어 있는 내셔널리즘의 모든 형태, 그리고 무엇보다도 내셔널리즘의 원초적인 형태로서 '쁘띠 내셔널리즘' 이라고 불리는 현상에 대해서 살펴보자.

정치적 관심이나 사회적 관심을 조금도 가지려 하지 않는 생활을 하고 있는 일부의 젊은이들은 틀림없이 새로운 사회 상황에서 태어난 아이들이다. 그들은 대인 관계

도, 역사적 의식도 깊지 않고, 이른바 수평적 관계에서도 수직적 관계에서도 '거리감'이 존재하는 상태인 것이다. 이 젊은이들은 '제2근대' 안에서 자라고 성장한 사람들이므로 원자화, 고립화의 영향을 매우 강하게 받고 있는 것은 당연한 일이다. 그러나 이들도 무리를 지어 응집하여 에너지를 발산시키는 경우가 있다. 정신과 의사 고야마 리카香山リカ에 따르면 그들은 말로 드러내지 못한 갈등을 격렬하게 충동적인 행동으로 표현하여 이른바 '액팅 아웃 acting out(분출적 행동)'을 취한다. 그 예의 하나가 축구 월드컵 전의 응원으로, 고아먀 리카는 이것을 '쁘띠 액팅 아웃(소 분출 행동)'이라고 칭하며, 그런 행동을 하면서 그들은 '쁘띠 내셔널리즘의 풍경'을 만들어 낸다고 한다.

그들은 일본 대표 선수의 푸른색 유니폼으로 몸을 감싸고 '일본! 일본!(니폰! 니폰!)'이라고 계속해서 외치면서 오사카의 도톤보리 강道頓堀川에 900여 명이 넘게 뛰어들었다. 평소에는 '국가' 따위에 대해서 의식하지 않던 사람들이 축구 시합이 벌어지면 돌연 '히노마루日の丸(일본국기)'를 흔들며 목소리를 높여가면서 '키미가요요君が代(일본국가)'를 부르곤 한다. 그 이유를 물으면 '나는 일본인이니까', '일본 너무 좋아!'라고 답한다. 또한 '일본이 좋다는데

무엇이 나쁜가?', '일본에서 태어났으니까'라고 답하기도 한다. 일본을 대자화對自化한 다음에, 즉 어떤 의식을 바탕으로 평가하고 나서가 아니라, 무의식적으로 쁘띠 액팅 아웃(소 분출 행동)을 표출하는 것이다.

더욱이 중요한 점은 일본의 지식인에게도 이와 비슷한 현상이 전개된다는 것이다. 흔히 일컬어지는 것처럼 일본에 있을 때는 일본에 비판적이었던 지식인들도 외국에 가자마자 갑자기 민족주의자가 되고 마는 경우가 있다. 이는 거의 생리적인 것으로 정서적인 부분이 갑자기 변하였기 때문이다. 그런 의미에서 본다면 쁘띠 내쇼날리즘의 젊은이들만을 비판하는 것은 불가능하다. 오히려 이런 경우는 처음부터 의식의 수준이 전적으로 탈락되어 있으므로 크게 걱정할 일은 아닐지도 모른다. 예를 들어 그들이 흔들었던 히노마루日章旗가 신도청년전국협의회神道靑年全國協議會에서 구상하는 의도적 작품이었다는 사실을 그들이 알고 있을 리도 없기 때문이다. '키마가요, 히노마루, 무엇이 나쁜가? 일본의 국기, 일본의 국가이니까'라는 것에 머물 뿐이다. 이들에게 '니폰'은 마치 우상인 아이돌이 사라졌을 때, 그 아이돌을 대신하는 것과 같은 몫을 하고 있는 듯하다.

　이와 같은 현상은 축구만의 문제가 아니다. 고야마 리카에 따르면, 한신팀(고베 지역의 야구팀)이 우승하였을 때의 요란스런 소동도, 아이코(일본 황태자 부부의 딸) 내친왕의 탄생이란 경사스런 때도 모두 같은 현상이 나타났다. 한 때《소리 내어 읽고 싶은 일본어》붐이 일어났던 것도 비슷한 정신세계에 따른 것이라고 한다.

　이처럼 '쁘띠 내셔널리즘'의 풍경은 인간이 제각각 흩어져 원자화한 상황, 이 가운데 틈이 벌어진 현상 위에 겹쳐져 나타난 집단적 현상의 하나로 받아들이는 것은 틀리지 않을 것이라고 생각된다. 이것은 평론가 미야자키 테츠야宮崎哲弥가 자주 말하는 '파라사이트 내셔널리즘(기생 민족주의)'과 오버랩되어 생각하게 된다. 미야자키는 현대의 내셔널리즘은 오래된 과거의 내셔널리즘과는 다른 새로운 것이라고 한다. 이들 가운데, '자기 국가에 자긍심을 느끼는가?'라는 질문에 대해서 긍정적으로 답하는 사람은 54.2퍼센트였으며 74개국 가운데 71위의 낮은 순위를 보였다. 게다가 '전쟁이 일어나면 국가를 위해 싸울 것인가?'라는 설문에 대해서는 '싸운다'라는 대답은 대략 15.6퍼센트로, 순위는 59개의 국가 가운데 최하위에 머물렀다.

그런데 '국민 모두가 안심하고 살 수 있도록 국가는 더욱 책임을 져야만 한다'라는 물음에는 긍적적으로 답한 사람이 실제로 65.7퍼센트를 넘었다. 국가를 위해서 무엇을 해야만 하는가를 자신에게 물었던 근대의 내셔널리즘과는 다른 '파라사이트 내셔널리즘'이 여기에서 보인다고 미야자키는 말한다(《朝日新聞》 2003년 7월 13일 석간). 후지타 쇼죠藤田省三가 말한 '안락으로서 전체주의'를 빌려와 말한다면, '안락에 대한 내셔널리즘'이라고 하는 것이 발생한 것인지도 모른다.

이와 같이 생각해보면 새로운 내셔널리즘은 무의식적으로 생리적인 민족성 중시주의ethnicism와 물려받은 부의 여유로움이 더해져, 안락을 위한 내셔널리즘이라고 이름 붙여진 파라사이트 주의가 형성된 것이라고 할 수 있을 것이다. 그러나 이 '쁘띠 내셔널리즘'이 마치 신사神社에 종사하는 신관의 손바닥 위에 놓여서 무의식적인 행동을 하고 있는 것과 같은 현상이라 하여도, 이것이 곧 굳건한 신념의 내셔널리즘으로 전환하거나 곧바로 포퓰리스트의 에너지의 근원이 되거나 하는 것은 아닐 것이다. 내셔널리즘의 상태에 도달하기 위해서는 거쳐야 할 많은 굴절이 있기 때문이다.

침묵하는 보수 시민

'침묵하는silent 보수 시민'은 《'치유'의 내셔널리즘癒し' のナショナリズム》 공저자의 한사람인 우에노 요오코上野陽子 가 만든 신조어로서 '쁘띠 내셔널리즘'의 청년들과 또 다른, 더욱 방향성이 확실한 내셔널리스트 집단을 말한다. 수적으로 비교하면 적은 세력이지만, 시대의 경향을 잘 표현하고 있기 때문에 이 책에서 다루도록 하겠다.

우에노 요오코는 '새로운 역사교과서를 만드는 모임新し い歷史教科書をつくる会'의 가나카와현神奈川県지부의 유지 단체인 '사의 모임史の会'을 약 1년에 걸쳐 조사했다. 이 모임은 매월 첫째 토요일에 모여서 평균 출석자 20여 명 정도가 조촐하게 회합을 갖는, 강연회를 중심으로 한 내셔널리스트의 모임이라 할 수 있다. 그 안에는 전중파戰中派나 활동가도 있지만, 약 8할은 보통의 샐러리맨 등 조용한 보수 시민으로 비교적 젊은 층이었다. 물론 전쟁체험을 하지 않았고 따라서 텐노(일본국왕)에 대해 심각하게 생각해 본 적도 없으며 과격한 우익 운동에 스스로 참여하지도 않는 사람들이다. 이 모임은 강연회 뒤 가끔 술자리를 가지는데, 전중파나 활동가는 기질이 달라서 그다지 그런 회식 자리에는 참여하고자 하지 않는다고 한다.

침묵하는 보수 시민에 한정하지 않고 '사史의 회' 전체를 보면, 회합에서 긍정적 의미로 곧잘 사용되는 단어는 '보통의 감각', '전통', '건전한 내셔널리즘', '일본인으로서의 자긍심', '이시하라 신타로'이다. 부정적 의미로서 사용되는 것은 '좌익(=사요쿠サヨク)', '아사히朝日', '매스컴', '북조선' 등이 있다. 이것은 8할을 차지하고 있는 조용한 보수 시민에게도 공통적으로 해당하는 것이다. 자신들은 '보통의 시민'이며 '좌익', '아사히朝日' 등은 '보통이 아닌' 악인으로 여기곤 한다. 게다가 강연자가 이러한 대상들에 대해서 비판하는 경우 모두가 수긍하는 듯이 고개를 끄덕인다. 침묵하는 다수를 대표하는 보수 시민은 저명한 강연자의 이야기를 듣는 것에 기대감을 가지지만, 상호 토론과 같은 것은 하지 않는다. 위에서부터 전하는 메시지를 수긍하며, 그것으로 치유 받는다면 그것으로 만족하는 것이다.

재미있는 것은, 이들은 그 '새로운 역사교과서를 만드는 모임'을 만든 내부 지도자에게도 꽤 비판적이라는 점이다. 또한 일본의 전쟁을 위해 싸운 사람들이 영웅이 되지 못하는 이유로써 좌익이 남경대학살 등의 대소동을 일으킨 것과 더불어 전중파戰中派라고 일컬어지는 사람들이

아직 살아있기 때문이라고 한다. 그들은 쁘띠 내셔널리스트와는 다르게 책을 읽고 역사를 공부하는 사람들이다. 그러나 역사는 경험이나 추억 등과는 거리가 있는 것으로 보고 전통이나 일본인으로서 자부심에 상처를 내는 것에 대한 혐오감을 앞세운다. 따라서 정치가의 사죄 외교를 비판하는 강연이 그들에게 인기가 높다. 그들은 기운이 쇠한 듯 한 현재의 일본을 다시 일으켜 자국을 자랑스러워 할 수 있게 되기를 기원한다. 다른 측면으로는, 무엇보다도 정치가로서 '이시하라 신타로'를 존경하는 것이 매우 흥미롭다. 이와 달리 그들에게 칸 나오토菅直人〔시민사회 활동을 배경으로 중의원 의원이 되어 민주당 대표로서 수상을 역임 (2010. 6. 8~2011. 9. 2)했다. —역자 주〕나 도이 다카고土井たか子 〔일본 사회민주당(이전 사회당) 전 의원으로 여성 최초로 1993년 중의원 의장이 되었고, 1996년에 당대표 역임했다. 2005년 낙선 후에는 사회민주당 명예 당대표를 역임했다. —역자 주〕는 부정적 이미지의 대표적인 정치가이다.

침묵하는 보수 시민은 지금 현재 사회의 한쪽 구석에 들어 앉아 있는 것 같지만 그 뿌리는 의외로 매우 깊다. 이시하라 신타로가 몇 차례 위태로운 폭언을 뱉어내도 도지사 선거에서 압승을 거두는 배경에는 이들 침묵하는 보수 시민이 존재하기 때문일지 모른다. 침묵하는 보수 시민은 한 달에 한 번 모이는 것 외에는 각기 다른 개인의 집합체이며, 사회 운동을 기피하는 수동적 존재이지만, 언젠가 액팅 아웃(분출 행동)할 수 있는 잠재력을 가지고 있다. 그것에 부합하는 인물이 나타난다면 확실히 그들로부터 호응을 얻을 것이다. 그들은 쁘띠 내셔널리스트보다 훨씬 의식화되어 있으며 새로운 포퓰리스트 바로 가까이에 있다.

한편, 좀 더 활동적이고 적극적인 그룹도 있다. 수상의 야스쿠니 신사 공식 참배 실현이나 새로운 추모시설 건설 반대를 표방하는 '영혼에 보답하는 모임'에서 봉사 활동을 자원하는 젊은이들이 증가하고 있다고 한다(《週刊 金曜日》 2003년 8월, 8월 15일 합병호). 이 젊은이들은 나이 든 유족들과 마음을 함께 나누며 영령을 위로하고 추모하는 임무를 담당하는 것에서 자부심과 보람을 느낀다. '오늘 일본인에게 결여되어 있는 종횡의 유대를 만들어 간다는 것이 무엇보다도 기쁘다'고 일본청년 유골 수집단의 젊은 멤버는 말한다. 여기서 내셔널리즘은 잠재적인 것이 아니라 확실한 행동의 영역에 이미 들어선 것을 알 수 있다.

이것에 대해서 신우익의 활동가는 이 젊은이들에 대해

서, 포스트 모던의 가치 상대주의가 가져온 공허함을 채우기 위하여 국가나 역사라고 하는 개념에 의존하는 것뿐이며, 국가나 전통에 대해서 깊이 있는 논의를 하려고 하지는 않는다고 비판한다. 또, 가족이나 지역 사회 등을 뛰어넘어서 갑자기 국가와 유대를 가지고자 하는 이러한 내셔널리즘에 대해 한 가닥 불안감을 느낀다고 비판하는 전 신우익의 멤버도 있다. 그러나 어찌되었든 이들이 다른 잠재적 또는 정태적 내셔널리스트와는 구별되며, 그들이 직접적인 행동으로 옮기고 있는 것은 틀림없는 일이다. 이처럼 잠재적 기폭제는 곳곳에 여러 가지 형태로 존재하고 있다.

제5장
토의 민주주의

1. 행동적 시민과 민주주의

행동적 시민

개인화의 진전은 개인의 원자화, 단편화를 가져온다는 단점이 있는 동시에 많은 자기실현파 시민의 창출이라는 긍정적 요인을 갖고 있다는 점을 이야기해 왔다. 이것이 바로 새로운 시민사회 속의 시민이라고 할 수 있다. 같은 시민이라 하여도, 재산이 있고 교양을 겸비한 이전의 부르주아 시민이 아닌, 교육과 지식, 어느 정도의 부, 그리고 인식력과 판단력을 가진 광범위한 자율적 시민층을 말한다.

　‘제2근대’에서는 필연적으로 이러한 자율적 시민층과 포퓰리즘 예비군 사이의 대항이라는 사회구성도가 출현하는 것이 아닌가라는 생각이 든다. ‘제1근대’의 전형적인 축, 가진 자와 가지지 못한 자를 나누던 사회배분 축 외에도, 자유주의자 축(리버테리언 축, 자유의지를 존중할 것인가, 권위주의를 존중할 것인가를 나누는 축)을 생각할 수 있다. 자율성을 가진 시민과 그들과의 연대를 중시하는 좌파 자유

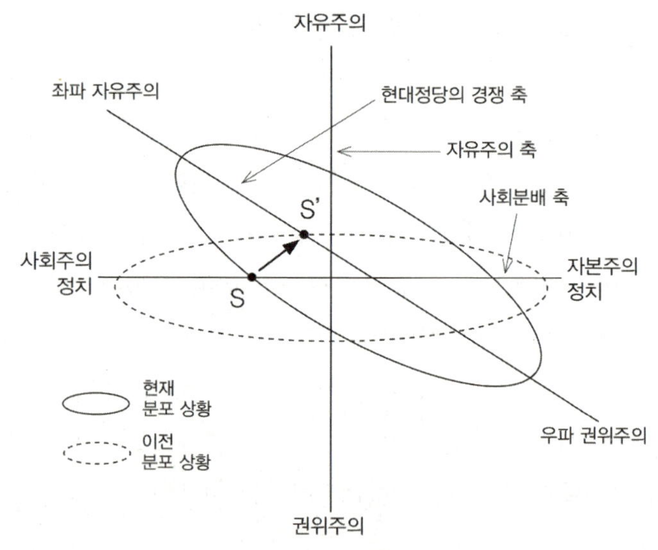

[그림 4] 1980년대 정당의 경쟁 공간

176

주의자(리버테리언)와, 수직적 권위 관계를 존중하는 우파 권위주의자와의 대립에 대하여 여러 관점에서 생각하지 않으면 안 되는 상황인 것이다(Herbert Kitschert) (앞의 [그림 4] 참고).

'제3의 길'을 택한 정당이 이른바 노동자 계층뿐만이 아닌, 그 좌파 자유주의자(리버테리언), 곧 자기실현파 시민의 지지를 얻기 위해 노력하고 있는 것은 이미 언급한 바 있다. [그림 4]에서 S→S'의 움직임은 사회 민주주의 정당의 포지션 이동을 가리킨다.

이러한 자율적 시민은 고립을 피하고 의도한 바를 실현하기 위해서 스스로 타자와 관계를 맺으려고 하지만, 그들 전부가 항상 행동하는 시민인 것은 아니다. 생활세계에 살고 있는 보통의 시민이 타자와 사이에서 느슨한 관계를 맺고서 일정한 사회 행동을 하는 경우, '행동적 시민(액티브 시티즌)'이 그 매개체가 되는 경우가 많다. 그리고 어떤 시기에는 보통의 시민이 '행동적 시민'이 되기도 하고 또 '행동적 시민'이 어떠한 때에는 보통의 시민으로 돌아가는 순환을 반복하기도 하다. 그러면 이러한 '행동적 시민'이 현재 증가하고 있는 것일까?

사상가 한나 아렌트Hannah Arendt는 인간의 행동에는 노동labor과 일work, 그리고 활동action이 있다고 한다. 즉 소비재를 만들어 생활을 유지하는 '노동', 자연과는 다른 인공적 세계, 말하자면 개개인의 생명을 넘어서 존속하는 무언가를 만드는 '일', 인간과 인간의 관계를 엮어 공공의 영역에서 자기의 존재를 주장하는 '활동(=정치적 활동)'이 있다는 것이다. 그리고 활동 영역의 전형적인 사람으로서 아테네 시민을 말한다. 또한 아렌트는 세계를 상실하고, 세계로부터 멀어져가고 있는 현대인에게 그 위기를 감지하도록 해주는 활동이 필요하다고 한다. 이처럼 적극적인 시민 활동의 필요성을 설득력 있게 풀어냈다는 부분에서 아렌트는 높이 평가받는다.

정치에 참여engage하는 사람의 증가는 꼭 필요하며, 로날드 잉글하트Ronald Inglehart가 말하는 것처럼 엘리트 도전적 시민이 증가하는 것이 '제2의 근대'의 특징이다. '제2근대'의 장래가 이러한 사람들의 어깨에 놓여 있다는 것은 틀림없다. 그러나 행동적 시민을 직접 정치에 참여하는 사람만으로 한정하는 것은 적절치 않다. 시민사회의 형성에 요구되는 것은 정치 참여만이 아닌, 사회 참여, 사회적 의미가 있는 행동의 수행이며, 나아가서 시민사회 자체에 참여하는 것이 결정적으로 중요하기 때문이다.

이처럼 생각해보면 시민 운동이나 주민 운동에서, 정치에 참여하는 사람들이 그다지 눈에 띄지 않는 일본에서도 사회복지, 간호, 마을 조성, 상호부조 등에 참여하는 사람 수가 증가하고 있다. NPO와 NGO 등의 사회 활동도 지금까지와 비교되지 않을 정도로 증가하고 있다. 따라서 적극적으로 시민사회를 지켜온 사람들의 수가 줄어들어서 아주 감소하는 일은 없을 것이다. 그러나 이러한 사회층을 늘려서, 그 가운데 토의를 활발히 추진해 나가는 일은 중요하며 그것이 앞으로 민주주의의 과제이다.

민주주의의 복선화

이것과 연관하여 민주주의의 본연의 모습에도 변화가 나타난다. 지금까지의 민주주의의 원형은 대의 민주주의였다. 대의 민주주의에서 시민은 선거를 통해서만 정치에 참여한다. 시민이 대표자를 선택하면 의회에서 심의와 다수결로서 정책이 결정된다. 시민은 정치가에게 결정을 위탁하므로 시민이 정치과정에 자주 관여하는 것은 오히려 과도한 참여로 부정적 평가를 받는다.

그러나 1970년 전후에 이르러 근대사회의 변화가 나타나게 되면서 학계에서도 참여 민주주의의 논의가 활발해졌다. 미국 정치학의 권위자이며 대의 민주주의, 곧 엘리트 사이의 경쟁을 통한 다원적 민주주의론의 대표적 이론가인 로버트 다알Robert A. Dahl 등도 민중의 참여 필요성을 강조했다. 기업에서도 노동자의 참여가 없다면, 진정한 민주주의는 기능조차 제대로 하지 못할 것이라고 주장한다.

그러나 1990년 전후부터는 단순히 참여만이 아니라 토의의 중요성이 재인식되었다. 더욱이 정치세계의 토의뿐 아니라 시민사회에서도 토의가 뒷받침 되지 않는 이상, 민주주의의 안정과 발전은 없다고 생각하게 되었다. 이것이 토의 민주주의이다. 이와 같이 대의 민주주의에 덧붙여 참여와 토의를 중요시 하는 것은 또 하나의 민주주의의 트랙(회로)으로 제시되었다. 이제는 두 개의 트랙(two track, 두 개의 회로)의 민주주의론의 시대가 전개되고 있다.

이처럼 '제2의 근대'는 '참여 민주주의+토의 민주주의'가 요청되는 시대가 되었다. 그러나 참여 민주주의나 토의 민주주의를 발전시키려면 단순히 이론뿐만 아니라 이것을 구체화할 방안을 구안해야 하는데, 이미 이것은 현실에서 실행으로 옮겨지고 있다. 참여 민주주의는 일본에서도 여러 가지 형태로 구체화해 실험되고 있기 때문에 여기서는 일본에 아직 별로 소개되지 않은 토의 민주주의의 제도화에 대하여 서술하고자 한다. 더욱이 토의 민주주의의 제도화가 지금까지 정치에서 빠져있으나 중요한 것으로서 앞으로 과제라고 생각되기 때문이다. 그런데 제도화의 실체를 나타내는 개념이 일본에서는 거의 정착되어 있지 않기 때문에, 지금까지는 되도록이면 외국어 표기를 지양했지만, 앞으로는 관련 명칭에서 정확한 표기를 위하여 원어를 그대로 사용하기로 하겠다.

참여 민주주의와 토의 민주주의의 관계는 꽤 미묘하다. 양자가 정치 시스템의 외부에서의 입력, 더욱이 민중의 힘에 비중을 두고 있다는 점에서는 동일하다. 그러나 토의의 결과와 정책 결정을 직접적으로 관계지어 생각할 것인가, 시민사회에서 토의에 더 많은 독자성을 인정하고 직접적 효과에는 비중을 덜 둘 것인지에 따라 그 차이가 있다. 1990년대의 토의 민주주의, 더욱이 국가적인 수준에서 제도화는 더욱 후자에 치우쳐 있는 것으로 생각된다. 물론 정치를 논하는 이상, 언제나 정책 결정에 대한 직접적인 영향력을 도외시해서는 안 되는 문제이기에 이 점에 대해서는 뒤에 다시 한 번 논하고자 한다.

토의 민주주의의 원칙

구체적인 제도화에 대한 설명에 들어가기 전에, 토의 민주주의를 지탱하는 원리에 대해서 간단히 이야기해 두겠다. 첫 번째로 토의, 더욱이 시민사회에서 토의에 최대 가치를 두기 때문에 그 운영은 제3장에서 서술한 바와 같이 '토의 윤리'에 기초해야 하며 서로 다른 입장에 서 있는 사람의 의견과 관련 정보도 공평히 제공하는 배려를 해야 한다. 두 번째로 토의를 효과적으로 실행하기 위해서는 소규모 그룹에서 시행되어야 하고, 가능하다면 그룹의 구성도 고정해두지 않고 유동적으로 하는 것이 바람직하다. 세 번째로는 토의를 함으로써 자신의 의견을 변화시키는 것이 바람직하므로, 단순히 머릿수를 세기 위한 토의가 되어서는 안 된다.

이 같은 대원칙을 실현하기 위한 제도화에 관련된 다양한 탐구가 이루어지고 있다. 그러나 그에 앞서, 토의 그룹의 결성이 사회 전체의 축도를 반영하는 것이 아니라면 토의 자체의 의미가 반감되고 만다. 가령, 중앙 정부나 자치단체 정부에 따라 임명된 심의회는 가끔 정부의 입장을 인정하는 사람을 모아서 구성하므로 자의적인 그룹이 되는 경우가 많다. 이러한 불공평함을 제거하기 위해서 토의 민주주의의 제도화에 적당한 랜덤 샘플링(무작위 추출) 방법을 사용하여 그 대표성이나 포괄성과 투명성을 확보하려 하고 있다. 그러나 규모가 작은 경우에는 랜덤 샘플링의 효과가 나오기 힘들므로, 이러한 경우에는 근사치를 얻을 수 있도록 여러 연구가 진행되고 있다.

지금까지 서술한 토의 민주주의의 제도는 전부 이런 원칙에 바탕을 두고 있다는 것을 기억해 두면 좋겠다.

2. 토의제 의견 조사

토의제 민주주의의 제도화는 1990년대 중반부터 눈에 띄게 성장하였으며, 이것은 아테네의 고전 민주주의 전통을 따르는 것이라는 주장이 제기된다. 아테네 시민에 의해 구성된 입법위원회는 제비뽑기(추첨)로 선발되었다. 이런 제비뽑기에 의한 멤버 결정 방법은 일종의 랜덤 샘플링이며, 이 방법에 의해 선발된 시민은 늘 회합하여 충실한 토의를 주고받았다. 이것이 아테네의 민주주의이며 최근의 토의 민주주의는 이 전통에 따른 것이라고 할 수 있다.

토의 민주주의의 제도화에는 여러 가지 형태가 있는데

크게 나누어 보면, 국가적 수준과 지역적 수준으로 나눌 수 있다. 동시에 순수한 토의 데모크라시, 그리고 참여 민주주의의 색채가 강하게 드러나는 분류로 구분할 수 있다.

토의제 의견 조사

먼저 국가적 수준에서 순수 토의제의 색채가 강한 것으로서 '토의제 의견 조사Deliberative Poll(DP, 공론조사)'가 있다. 이것은 일정한 테마에 대해서 랜덤 샘플링에 따라 선발된 참가자가 소수의 그룹을 통해 토의를 반복한 뒤에 의견 조사를 하는 것으로 미국 정치학자 제임스 피쉬킨James S. Fishkin의 지도 아래 시행되었다. 처음에는 미국에서 시험적으로 실시되었으나 어려움이 있어 장소를 영국으로 옮겨 1994년에 처음으로 실행되었다. 영국에서는 그 이후부터 국가적 수준에서 공론조사(DP)가 연이어 실시되어 전부 다섯 번의 조사에 대한 보고서가 출판되었다.

먼저 1994년에는 채널 4와 사회조사센터가 협력하여 맨체스터의 그라나다 텔레비전Granada TV의 스튜디오에서 시행되었다. 테마는 그때 영국에서 사회문제가 되었던

‘범죄’와 관련된 것이었다. 그 이후에 시행된 토의제 의견 조사(DP)의 테마는 ‘유럽 통합’(1995년), ‘왕실제도’(1996년), ‘경제 문제와 정당 지지’(1997년-총선거를 앞두고 실시되었다), ‘국민보건제도’(1998년)이었고 모두 그때 최대의 사회 문제, 정치문제를 다루었다.

미국에서는 1996년에 ‘국민문제회의(NIC)’를 통해 텍사스주 오스틴에서 실시되었다. 테마는 ‘경제’, ‘세계 속의 미국의 역할’, ‘미국의 가족’으로 세 가지 주제를 동시에 다루었다. 토의제 의견 조사(DP)는 반드시 국가적인 수준에 한정한 것은 아니므로, 미국 텍사스 주에서는 8개의 토의제 의견 조사가 전기와 관련된 공공사업을 둘러싸고 실시되었다.

또 오스트레일리아에서는 1999년 총선거를 앞두고 ‘공화제’의 도입에 대해서, 국립 오스트레일리아 대학교 여론 조사 기관, ‘오스트레일리아’ 신문, ABC 방송의 협력 아래 캔버라 구의사당에서 실시되었다. 최근에는 덴마크에서도 실시되었다.

실시 방법

공론조사(DP)가 어떻게 실시되는가에 대해 1994년 영국에서 '범죄'를 테마로 다룬 사례를 통해서 살펴보자. 당시 런던에서 채택된 40개 선거구의 40개 투표구가 샘플링의 대상으로 선발되었다. 그리고 먼저 기초 조사로 결정된 설문은 면접으로 시행하였고 조사 대상의 74퍼센트에 해당하는 869명이 인터뷰에 응해주었다. 기초 조사 후 맨체스터에 모인 사람은 그 가운데 300명에 달했다. 이들의 계급, 학력, 인종, 젠더, 지리적 분포를 조사한 결과, 기초 조사에서 선택된 사람과 모인 사람의 구성 비율은 거의 일치했으며 의견 분포에 대해서도 범죄 문제에 더욱이 관심이 있는 사람들만이 모인 것은 아님이 밝혀졌다.

이 공론조사(DP)는 주말에 3일 동안 한 장소에서 회합하여 집중적으로 토의를 벌였던 것이 특징이며 일당과 여비는 지불되었으나, 결과적으로는 전국에서 사람들이 모이는 것에 어려움이 있었다. 예를 들어, 주말에 집을 비우는 것이 불가능하다는 사람들이 있었으며 여성의 경우는 대개 집을 비워두는 것에 대해서 걱정을 했다고 한다. 그러나 전국 텔레비전에 출연한다는 사실과 공론조사에 선택되었다는 사실에 따라 사회 문제에 더욱 관심을 가지고 신문 기사를 읽게 되었다는 사람들도 있었다. 전국에서 균등하게 대표로서 수행할 자격을 가진 사람들이 모였는가 하는 점은 그다지 큰 문제가 되지 않았다.

미국의 경우는 대상자 수 1,534명 가운데 914명이 조사에 응하였고 회의에 출석한 사람이 466명이었으며 회의는 주말을 포함해 4일에 걸쳐 진행되었다. 오스트레일리아의 경우는 참가자가 248명이었다. 총괄해 보면, 공론조사(DP)에 참가한 인원수는 대체로 250명에서부터 600명 정도였다고 한다.

토의의 방법

토의 민주주의를 제도화하기 위해서는 무엇보다도 방법이 중요하다. 수백 명이 모인 큰 회의 단체가 충분한 토의의 마당을 펼친다는 것은 도저히 상상할 수 없다. 따라서 공론조사(DP)에서는 모인 참가자들은 가능한 한 적은 수의 그룹으로 나누어 소규모 단위의 토의를 반복하도록 한 뒤, 마지막에 전체 회의를 진행하고, 여기서 기초 조사와 같은 질문을 하는 형식이 채택되었다.

먼저 공평하게 모든 정보와 반대 입장의 자료를 함께 제공한다. 그리고 전문가나 정치가(담당 현직 장관과 세도우

캐비넷의 장관, 미국의 경우는 대통령 후보나 부통령이 출석한 적도 있다)와 토론하는 기회도 마련한다. 또 토의가 제한된 소수의 사람만의 토의로 끝나지 않도록 텔레비전이나 신문에서 보도하도록 배려하였다. 예를 들어 미국의 경우, 지역 방송국 PBS에서 9시간 반 동안 방송하여 1천만 명이 시청하였고, 신문에도 6천 건의 관련 기사가 실렸다. 오스트레일리아의 경우도 ABC 방송국에서 방송하였고 상업 텔레비전에서도 1시간에 걸쳐 방송하였다. 최신 정보 기기를 활용하여 토의 내용이 국민 전체로 전파되도록 노력한 것이다.

이러한 공론조사의 토의의 방법은 충분한 자료를 바탕으로 하여 소수의 사람들이 토의를 하고, 그것을 텔레비전으로 방송한 것이다. 이는 일반인들에게도 관심을 불러일으키고 마지막으로 한 번 더 투표하는 것으로서 토의의 결과를 조사하는 방법이었다. 토의의 결과 상당수의 사람들의 의견이 변화하는 것으로 나타났다. 이는 '사회 학습'이 효력을 발휘하여 토의 본래의 목적을 이루어 낸 것이라고도 할 수 있다.

의견의 변용

앞서, 토의는 머릿수를 세기 위해서 하는 것이 아니기에 토론의 과정에서 서로의 의견이 변화하는 것이 큰 의미가 있다고 했다. 그렇다면 어떻게 하여 의견이 변화하게 되는 것인가?

1994년에 영국에서 한 공론조사(DP)를 예로 들면, 토의 이전과 토의 이후에 상당한 변동이 있었다. 토의를 한 후, 범죄와 맞서는 수단으로 감옥이 가지는 효용에 대해 한계를 느낀 사람이 증가했다. 청소년의 수감에 대해서 역시 매우 소극적으로 바뀐 반면, 범죄자의 인권과 관련하여서는 매우 민감해졌다. 그러나 범죄 그 자체에 대한 태도는 계속 엄격하여 사형 제도에 대하여 찬성하는 사람은 68퍼센트로 변화가 없었다. 엄격한 전통적 예절 교육의 필요성을 이야기한 사람은 오히려 증가하는 결과를 낳았다.

1995년 EU에 대한 공론조사(DP)에서는 토의의 결과 EU에 대하여 우호적인 사람이 증가하였다. 1996년 왕실 제도에 대한 공론조사(DP)에서는 왕실 제도를 개혁해야만 한다는 의견이 증가하였지만 왕실 제도에 자부심을 가지게 된 사람 역시 증가하였다. 이러한 것에서 알 수 있듯이, 토론을 여러 번 할수록 상황에 따라 의견이 변화하였고 감정보다 이성이 앞선다는 사실을 알 수 있다. 그러나 기저의 의견이라고 생각되는 것은 3일 동안의 토의를 통해서 변화되지 않았다고 할 수 있다.

공론조사(DP)의 주말 회의로 모든 상황이 종료되는 것은 아니다. 1994년의 범죄 조사의 경우, 회의 10개월 뒤, 다시 참가자의 의견 조사를 하였다. 토의를 거쳐 변하였던 의견이 일상생활로 돌아간 뒤에 다시 원래로 돌아가지는 않았는가를 조사하기 위해서였다. 그 결과, 다음과 같이 흥미 있는 결과가 나타났다.

예를 들어 범죄자를 반드시 감옥에 보내야 한다고 한 사람은 57퍼센트(토의 전)에서 38퍼센트(토의 후)였던 것이 43퍼센트(그 10개월 지난 다음)로 나타났으며, 묵비권에 우호적인 사람은 36퍼센트→50퍼센트→42퍼센트였다. 곧 약간은 기존의 의견으로 돌아가는 경향을 보인 것이다. 그러나 '사회 학습'을 통해서 형성된 대부분의 의견은 줄곧 이어가고 있었다. 즉 공론조사(DP)의 효과는 있었다고 할 수 있다.

회의는 참가자에게 우호적 인상을 주었다. 미국의 국민문제회의(NIC)의 예를 들면, 매우 좋은 경험이었다라고 말한 사람이 90퍼센트를 넘었다. 그룹 회의가 참가자 자신의 의견형성에 도움이 되었다고 한 사람은 82퍼센트 (약간 도움이 되었다고 답한 경우를 포함하면 99퍼센트), 자료가 매우 균형 있게 구성되었다고 한 사람은 약 81퍼센트였다. 토의의 규칙은 잘 지켜졌으며 그 점이 토의를 높이 평가했다고 이해된다.

선거와의 관계

공론조사(DP)는 정책 결정에 직접적 영향을 끼치는 것을 목적으로 하지 않는데, 이 점이 단순한 참여 민주주의의 제도와 다른 것이다. 공론조사를 많은 선거에 관련지어 활용하려는 시도가 1997년 영국에서 있었다. 이와 병행하여 실시된 갤럽의 두 차례 영국 정당 지지 조사와, 공론조사 이전과 공론조사 이후 참가자를 대상으로 두 번의 조사 결과를 대조한 것이 아래 [표 1]의 내용이다.

1월과 4월의 갤럽 조사에서는 거의 변화가 없었으며 1월의 공론조사가 시작되기 전의 정당지지의 분포 역시 갤럽 조사의 결과와 비교하여서도 거의 차이가 없었다. 공론조사(DP)의 참가자의 전국 수준의 샘플은 거의 비슷한

[표] 1997년의 공론조사(DP)와 갤럽의 정당 지지도 조사

	갤럽 1월	DP(전) 1월	갤럽 4월	DP(후) 4월	총선거결과 5월
보수당	27	26	27	19	31
노동당	44	47	42	39	45
자유민주당	8	11	12	33	17

DP(Deliberative Poll, 토의제 의견 조사)

참고: James S. Fishkin, *The Voice of the People*(민중의 소리), Yale University Press, 1997.

구성으로 되어 있었음을 생각해보면 그것은 오히려 당연한 것이다. 그러나 4월 말, 총선거의 직전에 시행된 공론조사의 주말 회의의 결과는 다른 세 가지 조사로 부터 변화를 보였다. 1월의 공론조사의 결과와 비교해보면 보수당 지지도는 26퍼센트부터 19퍼센트로 격감하였고 노동당 지지도의 감소는 크지 않았으나, 반대로 제3당인 자유민주당 지지도는 11퍼센트에서 33퍼센트로 증가한 것을 알 수 있다. 같은 4월에 시행된 갤럽 조사의 수치, 보수당 27퍼센트, 노동당 42퍼센트, 자유민주당 12퍼센트와 비교해보면 그 차이를 뚜렷하게 알 수 있다.

이 공론조사는 276명의 멤버를 15개 그룹으로 세분화하여 토의를 진행하고, 세금, EU, 유로화에 가입, 각각의 정당이 승리할 경우 영국의 미래 등의 정책 문제에 대하여 각 정당의 대표자와 배석하여 함께 논의한 결과로서, 이런 숫자가 나온 것이다. 선거의 결과는 보다시피 공론조사에서 보여준 형세와는 달랐지만, 자유민주당의 지지도는 눈에 띄게 성장하였다. 영국의 선거 제도는 소선거구제이므로 지지도가 그대로 의석수에 반영되지 못하므로 노동당이 대승을 거두었고 보수당이 참패하였다. 물론 자유민주당의 성장이 공론조사의 영향 때문이라고는 할 수 없다. 그러나 선거가 공론조사에서처럼 정책 중심의 토의의 형태로 이루어졌다면, 공론조사의 결과와 같은 큰 변화를 일으킬 수 있었을 것이라고 추론할 수 있다. 이러한 이유로 공론조사를 선거에 더 직결시키고자 하는 시도가 꾸준히 계속되고 있다.

최근의 경향

최근 공론조사(DP)의 제창자인 제임스 피쉬킨은 공론조사를 더욱 발전시켜 '토의의 날'을 만들자고 제안했다. 그에 따르면 총선거 투표 일주일 전에 '토의의 날'이라는 휴

일을 제정해 투표구의 집합 장소에서 유권자들을 모이게 하여 공론조사와 같은 형태의 토의를 시행한다는 것이다. 여기에 참가한 사람은 그 다음 주의 투표에 참가한 사람들에 한해서 150달러를 일당으로 지급하자는 것이었다. '토의의 날'에 모인 사람들은 먼저 15명, 후에 500명의 그룹으로 나누어 토론을 하며, 이 경우에는 토론만 하고 투표는 하지 않는다. 그 점을 포함하여 공론조사의 방법과는 약간 차이가 있지만, 이것은 공론조사를 선거에 직결시켜보려는 시도인 것이다.

제안자인 피쉬킨 스스로도 이 방안이 유토피아적인 면이 있다고는 했으나, 이것은 공개투표와 비밀투표의 두 가지 장점을 모두 합쳐놓은 것이다. 그러한 의미에서 공개투표를 주장하는 존 스튜어드 밀John Stuart Mill과 비밀 투표를 하지 않는다면 공정한 의견 표명이 불가능하다고 한 그의 아버지 제임스 밀James Mill의 입장, 양자의 요구를 모두 수용할 수 있는 것이다. 이 제안은 공론조사를 어떤 방식으로든 정책 결정에 영향을 줄 수 있게끔 하려는 토의 민주주의와 참여 민주주의 사이에서 생기는 딜레마를 해결해보고자 하는 대안의 하나로 나타난 것이라고 생각한다.

3. 컨센서스 회의

역사적 의미

공론조사(DP)와 같이, 주로 국가적 수준으로 시행된 토의제 자체에 비중을 두는 방안로서 컨센서스 회의 consensus conference(CC)가 있다. 컨센서스 회의는 과학 기술과 관련하여 시민 토의 기관에서 1987년에 가장 먼저 덴마크를 시작으로 1994년에는 네덜란드, 영국이 뒤를 이어 시행했다. 그 밖에도 뉴질랜드, 스위스에서도 이 회의를 채택하였다. 그리고 1995년 네덜란드에서 랜덤 샘플링 방법을 추가함으로써 토의 민주주의 제도에 부합하는 형태가 되었다.

컨센서스 회의는 자문 기관이나 심의회는 아니므로 결과를 보고서로 제출한다고 해도 구속력은 없다. 과학 기술에 대해서 시민이 문제와 관심을 명확화하고, 여기에 근거하여 통제와 정책 결정에 대한 간접적 영향력을 목적으로 하였기에 과학에 대한 시민 통제civilian control를 시도한 것이다. 이것은 과학 기술에 대해 예스yes인가 노no인가를 단정적으로 판단하는 것은 아니다. 그러나 근대사회의 중심적인 추진력으로서 근대사회의 '신'으로 군림하는 과학 기술을 통제하고자 하는 시민의 시도가 이루어지도록 하였다는 점은 이 시대의 특징을 나타내는 것이다.

컨센서스 회의는 제2장에서 서술한 바와 같이 시민사회 안에서 '서브 폴리틱스sub politics(하위 정치)'와 '삶과 생활의 정치lively politics'가 얼마나 중요한 위치에 놓이게 되었는가를 나타내는 것이다. 과학 기술과 관련된 중요한 결정이 병원이나 기업의 연구실에서 진행되어, 중앙의 정치는 그것을 사후에 쫓아가는 모양의 '제2근대'의 정치의 특징을 고려할 때, 컨센서스 회의는 단순히 과학 행정에 대한 제언이 아니라, 현대 민주주의의 전체상에 매우 중요한 영향력을 미치는 제도로 보아야 한다.

덴마크에서 시도한 실험

덴마크의 컨센서스 회의는 덴마크 기술청에 따라 운영되고 있다. 기술청은 1985년에 의회가 기술 개발의 사전 평가technology assessment를 하는 조직으로서 설치하였다. 현재는 조사정보기술성 소속 연구기관으로 있으나 활동의 독립성을 보장받으며, 현재도 의회와의 관계는 돈독

하여 상호 연락을 취하고 있다.

컨센서스 회의는 연 2회, 약 6개월의 준비 기간을 거쳐서 개최하며 금요일부터 월요일까지 4일 동안 집중적으로 토의한다. 이전에는 신문 등을 통해서 멤버를 모집하였으나, 1995년부터는 주민 대장에서 2천 명을 무작위로 추출하여 안내장을 받은 시민이 스스로 응모하는 식으로 결정한다. 응모자 수는 100~150명 정도에 이른다고 한다. 응모 용지에 기입한 내용을 바탕으로 운영위원회가 16명을 선택하는데 성별, 지역별, 학력, 직업, 응모 동기 등을 고려하여 결정한다. 이것이 시민 패널이라고 불리는 것이다.

이것은 랜덤 샘플링은 아니며 따라서 '일반 시민 대표'라고 할 수는 없다. 그러나 응모의 과정을 되도록 투명하게 하고, 동시에 포괄성을 가질 수 있도록 고려한다. 개최되는 컨센서스 회의 안에 운영위원회가 설치되며, 해당 쟁점과 관련된 외부의 이해관계자와 전문가 6~8명을 둔다. 위원의 선임은 사무국에서 한다. 위원회의 책무는 시민 패널의 승인과 배포하는 자료의 확인 등 회의의 준비와 진행에 필요한 내용을 결정하는 것이다.

말할 것도 없이 회의의 중심은 시민 패널이다. 시민 패널은 그 문제에 관련하여 질문지를 만들고 그것에 대한 답을 구할 전문가 패널 구성을 결정한다. 시민 패널이 문서를 모아서 정리하고, 최종 문서는 질문에 대한 전문가의 회답에 대해 시민의 평가를 개재하는 것으로 한다. 그 대부분이 제안문서 형식이며, 과학 기술에 대해서 예스 혹은 노라고 하는 태도를 나타내는 것이 아니라, 위험에 대한 불안에 관한 내용이 많다. 전문가를 결정하는 것도 시민, 전문가의 의견에 판단을 내리는 것도 시민으로서, 즉 여기서는 시민이 주도권을 쥐고 있다.

컨센서스 회의의 토의 내용

그러면 지금까지 덴마크의 컨센서스에서 토의되어온 것은 어떤 내용이었을까? 이것은 '제2의 근대'의 쟁점은 무엇인가라는 문제를 설명하기 위한 참고도 되기 때문에 자세하게 예를 들어서 판단의 자료로 삼고자 한다.

〈토의 주제〉

산업, 농업에 대해서 유전자 조작 기술(1987), 시민과 위험물 제조(1988), 식품에 대한 방사선 조사照射(1989), 인간 게놈에 대한 지식과 향후 이용 방법(1989), 대기 오염(1990),

교육 기술(1991), 동물의 유전자 조작(1992), 자가용에 의한 교통의 미래(1993), 불임 치료(1993), 교통정보 기술(1993), 전자 시민증(1994), 환경 친화적 농업생산(1994), 식품과 환경에 대한 화학 물질(1994), 유전자 치료(1995), 어업의 장래(1996), 미래의 소비와 환경(1997), 재택근무(1997), 식품과 환경에 대한 화학 물질(1998), 유전자 조작 식품(1999)이 포함되었다(쿠보 하루카의 논문에서 인용함).

토의 주제에는 현대 인간에게 매우 중요한 문제가 거의 다 열거되어 있다. 이를 통해 덴마크를 포함한 유럽 세계에서 얼마나 일찍이 과학 기술의 위험성에 대해 지적해 왔는지에 대해서도 알 수 있을 것이다. 과학 기술은 가지고 있는 이 점만큼 위험 역시 매우 크다. 그렇기 때문에 거대화 한 군대와 군병기에 대해서 시민 통제가 필요한 것처럼, 과학 기술에 대해서도 시민에 의한 통제가 필수적이다. 컨센서스 회의는 사회의 한쪽 구석에서 이루어지는 시민 활동에 머무르지 않고 장래에는 더 큰 몫을 하게 될 것이라고 예상된다.

마지막으로 회의의 영향력에 대해서 언급하고자 한다. 그 최종 문서가 정책 결정에 미치는 정도가 그다지 높은 것은 아니다. 그러나 국회의원이 컨센서스 회의에 대해서 가지는 신뢰가 높고, 전문가에 대한 불신감에서 기인하는 최종 문서의 유용성을 지적하는 목소리가 크다. 의원은 개인적인 정보로서는 물론, 당내의 논의를 위한 소재로서도 그것을 사용하며, 의회에서 벌인 논의도 그것을 바탕으로 활발히 이용하고 있다고 한다. 이 회의는 시민사회에 대해 문제 제공의 구실도 크다. 그러나 덴마크만 하더라도 아직 이 회의의 지명도가 높은 것은 아니다.

일본에서 시도

일본에서 토의 민주주의의 제도는 아직 중요하게 다룰 정도로 도입되어 있는 것은 전혀 아니지만, 이 제도가 채택되고 있기는 하다.

예를 들어 2000년 9월~11월에 걸쳐 시행되었던 '유전자 조작 농작물을 생각하는 컨센서스 회의'가 있었다. 그 이전에 '과학 기술의 시민참가 연구회'의 주도에 따라 '유전자 치료를 생각하는 시민 회의'(1998)와 '고도 정보사회를 생각하는 시민 회의'(1999)가 있었으며, 이러한 회의 경험이 컨센서스 회의에 전승된 것이다. 이 회의는 농림수산성의 외부 단체 즉 공적 기관에 따라 시행된 첫 번째 시도였다. 같은 해 11월~12월에는 민간 싱크탱크(두뇌 집단)에 맞서서 '인간게놈 연구를 생각하는 컨센서스 회의'가 열렸다.

공적 기관이 주최한 그 회의는 신문 홈페이지를 통해 모집하여 479명의 응모자 가운데 18명을 선발하여 본 회의를 2회로 나누어 개최하였다. 응모자의 열의는 상당히 높았으나, 주말 회의라고 하는 집중 토의 방식이 아직 일본에서는 익숙하지 않았다. 시민 패널에 따른 전문가 패널의 선정이라는 절차도 없어, 덴마크의 컨센서스 회의와는 여러 가지 면에서 다른 점이 있었다. 이를 충실히 하도록 해야 하는 것이 앞으로 과제이다.

4. 계획세포와 시민 배심제

1970년대부터 시도되어온 제도로서 독일의 '계획세포 plannungszelle'와 미국의 '시민 배심제citizens' jury'가 있다. 시민 배심제는 1970년대 미국의 부호 네드 크로스비 Ned Crosby가 설립한 제퍼슨 연구소에 따라 시도된 것이다. 이것은 12명의 작은 단위로 토의를 진행하며, 쟁점도 국가적인 것과 지역적인 것을 넘나드는 광범위한 것이었다. 당시 미디어의 주목도 받았으나 실제 영향력은 약했다. 이것은 크로스비 자신의 아이디어를 바탕으로 한 독창적인 계획으로서 공적 기관과 연결시키지 않았기 때문이었지만, 그것이 토의 민주주의의 논의의 마당에 미친 영향력은 적지 않았다. 1990년대에 들어서 이 아이디어는 영국에서 시민 배심제로서 넓게 보급되었다.

크로스비의 시도와는 다르게, 독일에서는 부퍼탈 대학University of Wuppertal의 피터 C. 디넬Peter C. Dienel 교수에 따라 계획세포가 실시되었다. 1979년의 쾰른의 재개발 계획은 계획세포의 시초가 된 사업이다. 그 뒤에도 자치 단체와 지방의 모든 기관이 디넬의 지도 아래 그러한 시도를 지속해 현재까지 영향을 미치고 있다.

계획세포

계획세포는 시민들 가운데 무작위로 선발된 멤버가 소수 정예의 기본 단위(세포)로 나누어져 토의하고, 그 토의에 바탕을 두고 제언을 작성하여 계획을 수립하는 것을 지침으로 하는 제도이다.

디넬 스스로는 이것을 기성 민주주의에 대한 대안이라

하며 공적 참가를 위한 기본적 단위로 정의하고 있는 것
처럼, 계획세포는 지금까지 민주주의와는 다른 참여 민주
주의의 제도적 실현으로 구상되었다. 그 실시에 맞추어
이전부터 일찍이 토의의 원칙을 도입한 점은 더욱이 주목
할 만하다.

디넬에 따르면, 계획세포는 장기적 시각으로 보았을
때, 시스템에 대응하여 신뢰감과 사회관계 자본을 창출
하는 부가적 효과도 가지고 있다고 주장한다. 또한 계획
세포는 실제로는 지역적 수준에서 실시되고 있는 점이
특징이지만, 이것이 거대 사회 속에서 살아가는 시민에
게 존재의 의미를 부여하는 효과를 가지고 있다는 점을
잊어서는 안 된다고 하였다. 디넬의 경우, 이 제도를 더
넓은 민주주의의 전체 속에 두고 구상하는 경향을 가지
고 있다.

계획세포 제도는 스페인, 네덜란드, 팔레스타인에서도
채택하고 있으나, 여기서는 이 제도의 본거지인 독일에서
계획세포 제도가 어떤 방법으로 운영되고 있는가를 구체
적으로 살펴보겠다.

계획세포는 물론 랜덤 샘플링으로 선택되며, 한 그룹에
는 약 25명 정도가 속하게 되고 토의를 유효하게 하기 위

해서 그것을 한 번 더 5명 정도로 나누어 토의를 진행시킨다. 이 기본 단위가 세포인 것이다. 회의는 4일 동안에 걸쳐서 진행되며, 첫째 날에는 90분 동안 진행되는 토의가 4번 구성되므로 중간 규모의 계획세포의 경우 총 1,200회 이상의 회합이 있었다고 한다. 회합을 반복하면 소수로 구성되는 경우에도 내부에 피라미드형의 위계가 발생하여 자기주장을 강하게 표현하는 사람과 약하게 표현하는 사람이 가려지게 되므로 그 인원 구성을 회합에 따라 바꾸어 멤버를 재배치하는 배려도 하고 있다.

주제로 삼았던 테마는 도시 계획, 고속도로, 레크리에이션 구상, 에너지 공급, 폐기 계획 등의 지역의 문제가 주를 이루었고, 그 가운데서도 앞에서 언급한 바와 같이, 쾰른 시청사 지구의 재개발 계획에서는 큰 성과를 올렸다. 쾰른시는 이 일을 위탁하면서 몇 가지 재개발 계획의 선택지를 제시하여 계획세포에게 의견을 구하였으나, 계획세포는 그 선택지를 모두 승인하지 않고 보행자를 위한 열린 공간으로서 광장을 남겨둘 것을 제안하였고, 쾰른시 또한 이 의견을 받아들였다. 디넬이 주재하는 연구소와 같은 제3자 기관에 운영을 맡겼고 계획세포의 독자성을 보장하였기 때문에 이런 결정이 가능하였던 것이다.

　어떤 일정 지역에 한해서는, 구성원 25명의 선택은 그 수가 너무 적을 수 있기 때문에, 랜덤 샘플링의 효과가 나타나지 않았다. 이런 경우, 계획세포의 그룹 수를 늘리면 작은 그룹에서 토의한다는 원칙도 지키면서 랜덤 샘플링의 효과를 얻을 수 있었다. 1995년에 하노버시 교통 공사의 위탁을 위한 계획세포의 경우는 참가자 297명을 13개의 그룹으로 나누어 2그룹씩 각각 같은 일정으로 토의를 진행하고 다른 그룹은 날짜를 다르게 하였다. 1회에 50명이 모여서 의견을 나누었으므로 6회로 진행하면 300명을 참가 대상으로 하는 것이 가능하였다. 1995년 추진된 다른 2개의 계획세포를 살펴보면, 질링겐의 경우에는 4개 그룹이, 만하임의 경우에는 8개의 그룹으로 구성되었다. 현재는 보통 4개의 그룹으로 나누어 진행한다.

시민 배심제

　다음으로는 시민 배심제를 살펴보자. 시민 배심제는 배심제라고 하더라도 재판상의 배심제도와는 다르다. 시민 배심제는 랜덤 샘플링과 계층화 샘플링의 혼합 형태에 따라 선발된 시민이 그룹 토의를 통해 보고서를 작성하고 정책 결정에 참여하는 정치 시스템이다.

이것은 계획세포와 비슷한 제도이지만, 그것의 복제라고만은 할 수 없다. 1990년대 영국에서 시민 배심제가 도입되었을 때, 연구의 대상이 된 것은 독일형의 계획세포와 미국의 크로스비Ned Crosby에 따라 시도된 미국형 시민 배심제였다.

영국의 시민 배심제는 1993년 공공정책 조사연구소가 조사를 시작하여 그 결과가 1994년에 공표되었다. 이 보고서는 일반적으로 강한 관심과 흥미를 불러일으켰는데, 지방정치 경영기구가 지방정부 기관과 합동으로 시민 배심제를 채택하였기 때문이다. 공공정책 조사연구소와 국민보건 기관도 시민 배심제를 개시하기 위한 교섭을 시작했다. 국민보건기관은 의료문제에 어려움을 떠안고 있었는데, 시민의 목소리를 듣는 것으로서 그 권위를 유지할 필요가 있었기 때문에 이러한 시도에 호응한 것이다. 그건 그렇다 하여도, 공론조사(DP)가 시작된 것이 1994년, 컨센서스 회의가 샘플링 방식을 채택한 것이 그 다음 해인 1995년, 시민 배심제가 출발한 것이 1994년인 것은 단순한 우연이 아니라고 생각된다. 이는 이 시기에 이르러 토의 민주주의를 향한 움직임이 구미에서 높게 일었다는 것을 보여준다.

시민 배심제는 지역의 문제가 중심이 되기 때문에 그 규모는 12명에서 16명 정도로 구성되었다. 이처럼 선발된 사람의 수가 적기 때문에 랜덤 샘플링이 충분한 효과를 갖지 못하므로 여기서는 계층화 샘플링 방식을 첨가하여 조직의 대표성이나 포괄성을 보완하려고 했다. 이 회의가 3~5일 동안에 걸쳐 집중적으로 진행되는 것은 다른 제도와 같다. 그 과정에서 관계자의 증언을 듣는 것도 가능하다.

위탁받은 기관에 보고서를 제출하지만, 말할 것도 없이 그 보고서에 구속력은 없다. 그러나 시민 배심제의 경우 보고서에서 제시한 결론을 적용하지 않는 경우, 해당 기관은 그 이유를 설명하지 않으면 안 된다.

배심원의 회의 참가에 관해서 조사한 보고서를 보면, 배심원의 95퍼센트는 이 제도를 높게 평가하고 있으며, 다른 사람들도 참가해 볼 것을 추천한다고 서술하고 있다. 제공한 정보에 대해서는 먼저 불충분하다고 대답한 사람이 39퍼센트나 있었다. 그러나 결정을 내리는 데 가장 큰 도움이 되었던 것은 증언자의 증언과 그룹 토의를 꼽은 사람이 압도적으로 많았으므로 토의 민주주의의 의도는 달성한 것이라 할 수 있다. 또한 그들이 살고 있는 공동체 사회에 공헌하였는가라는 질문에 대해서도 '그렇다'라고 답한 사람이 70퍼센트, '아니다'라고 답한 사람이 20퍼센트로서 공동체 사회에 대한 의식 강화에는 도움이 되었다.

계획세포와 시민 배심제는 비슷한 제도이지만, 그 가운데 차이점도 존재한다. 먼저 규모가 다르고, 그 때문에 샘플링의 방법도 다르다. 또 시민 배심제의 경우, 위탁 기관이 사전에 두 개 혹은 다수의 선택지를 만들어서 이것에 관하여 의견을 묻는 경우가 많으며, 또 앵글로색슨적 재판의 특징을 반영해서인지 증언에 무게를 두는 경향이 짙다. 이러한 배경을 바탕으로 보건대, 문화적 차이에 따른 상이한 점이 생긴다고 할 수 있다.

5. 다단식 대화 절차

지금까지 서술해온 제도는 모두 어떠한 형태로든 토의와 참여가 섞여 있는 것이었다. 이것은 정치나 행정 제도로서는 토의 민주주의의 관계에서 구실을 수행하는 것이며, 이 밖에도 분쟁 해결을 위한 제도가 존재한다. 예를 들어 토의 민주주의와 환경 정책의 관계를 논의한 최근의 한 저서에서는 세 가지의 토의 민주주의의 모델을 제도적인 디자인으로 제시한다. 시민 포럼(지금까지 서술한 모든 제도는 여기에 들어간다), 시민 입법initiative, 시민 투표referendum와 같은 직접 민주주의제도 외에 조정, 중재 등의 분쟁 해결 모델을 들고 있다(Graham Smith).

이러한 토의와 참여, 분쟁해결의 기능을 겸비한 제도로써 '다단식 대화 절차Mehrstufiges Dialogisches Verfahren, 〔MDV〕'가 있다. 이것은 3단계로 이루어진 제도로서 1단계는 랜덤 샘플링으로 선발된 일반 시민에게 문제의 해결 방식에 대하여 1시간 반 정도 인터뷰를 한다. 2단계는 조정자 회의로서 인터뷰에 응한 시민, 이해 관계자, 전문가 15명 정도를 선발해 각각 3시간의 토의를 진행한다. 여기서 인터뷰의 결과에 대하여 논의하고 문제를 정리하여 해결을 위한 시안을 제시한다. 이처럼 지금까지 있어온 각종 방법을 새롭게 재편성하여 구상한 독특한 시도이며, 어느 학자에 따르면 이는 관찰, 판단, 행동이라고 하는 세 가지의 행위를 체계적으로 편성한 것이다.

구체적으로 독일의 니더작센Niedersachsen 주의 북스테후드Buxtehude 시를 예로 들 수 있다. 냉전체제가 종료되면서 동유럽 지역, 더욱이 유고슬라비아로부터 난민이 다수 유입되면서, 북스테후드시에서는 난민 숙박 시설이 불타오르고, 가두에서는 스킨헤드의 네오 나치의 젊은이들에 의한 관계자 암살, 예전부터 살고 있던 외국인 가족에 대한 습격 등의 사건이 발생했다. 이에 시당국은 1992년부터 1993년에 걸쳐 다단식 대화 절차(MDV)를 통한 문제 해결을 계획하게 되었다.

먼저 랜덤 샘플링에 따라 선발된 시민을 인터뷰 하고 233개의 제안을 받아 그 안에서 96개의 제안이 2단계로 토의에 부쳐졌다. 2단계의 원탁회의에서는 인터뷰를 한 시민, 외국인 문제와 관련된 일을 하는 활동가, 경관, 시 직원, 교사, 단체 대표자, 그에 더하여 랜덤으로 선발된 시민이 총 7회의 회합을 가졌다. 그리고 그 가운데 한 번은 위임자 측의 시청 의회 멤버를 불러서 의견을 교환하였다. 이 2단계의 프로세스를 거친 뒤 3일 동안에 걸쳐 계획세포가 열려서, 14항목의 시민 제안이 정리되어 결정되었다. 이처럼 시에서 무엇인가 조치를 취하기에 앞서 시민 스스로가 적극적으로 행동할 것을 추진한 것이다. 이 제안서는 지방 신문 두 곳에 실렸으며 이러한 방법이 이 기획을 성공적으로 이끌어 갈 수 있었던 중요한 요인이 되었다.

　이러한 활동이 계기가 되어, 외국인과의 공생이라고 하는 사고방식이 시 전체에 스며들어 계획세포의 멤버에 따라 '독일인, 외국인 교류 협회'가 만들어졌고 적극적인 활동이 시작되었다. 머지않아 시 전체에서는 난민 배제의 기운이 사그라졌고 분쟁도 성공적으로 해결되었다. 구체적 제언이 실현되어 가면서 지역 전체를 포괄하는 공생과 화해의 분위기를 만들어갈 수 있었던 것이 바로 이 제도의 효능이었던 것이다.

　그 밖에도 엄밀히는 토의 민주주의의 제도화의 범주에는 속하지 않을지도 모르겠으나, 독일 외에도 영국, 핀란드, 오스트리아, 구소련에서 실시된 '미래 공방'이라고 하는 것도 있었다. 예를 들어 오스트리아의 렛히Lech라는 작은 마을에서는 '컴퓨터 테크놀로지가 사회에 미치는 영향'이라고 하는 주제로 '미래 공방'이 시행되었다. 현실적인 효과는 그다지 없었지만, 작은 토의 조직이 결성되어 미래를 논의한다는 독특한 점에 주목할 필요가 있다.

6. 몇 가지 문제

두 개의 회로(트랙)

지금까지 토의 민주주의의 제도화에 대해서 서술하였다. 이것은 물론 하버마스나 미국 정치학의 이론적 연구와는 다른 문제이지만, 그 구상을 구체화했다는 점에서 중요성을 지닌다. 일본에서는 이에 대해 거의 다루어진 적이 없었기에 다소 자세하게 설명하였다.

이미 제3장에서도 서술한 바와 같이, 하버마스는 민주주의를 두 개의 회로(트랙)로 생각했다. 한 개의 회로는 법치 국가에 의해 제정된 제도적 프로세스이고, 나머지 다른 회로는 시민사회 속에서 비제도적, 비형식적인 의견 형성의 프로세스이며, 양자는 상호 의존적이고 동시에 서로를 규제한다. 두 번째 회로에서 중요한 것은 '발견'이며, 첫 번째 회로에서 중요한 것이 '의결'에 있다는 것이 이 둘의 결정적으로 다른 점이다. 시민사회의 토의는 날카로운 감수성으로 문제를 발견하는 데 의의가 있다. 이 점에서 양자는 일단 구별하여 생각할 수 있다. 그리고 두 개의 회로 사이의 관계는 시민사회의 의견이나 요구가 상승 효과를 낼 때 활발하게 이루어지며 또 이러저런 기능도 증대된다. 그 다음, 두 번째 회로인 토의에 따라서, 첫 번째 회로에 따른 결정에 정통성이 부여된다.

이처럼 토의 민주주의로서의 제2의 회로를 구체적으로 더욱 제도화하려는 시도가 하버마스나 코엔, 아라토의 이론적 주장을 바탕으로 진행되고 있다. 그러나 토의제 의견조사(DP 공론조사)의 주창자인 피쉬킨의 '토의의 날' 구상에서 나타나듯이, 대표제 민주주의와 토의 민주주의, 즉 제1회로와 제2회로를 어떤 방법으로 연결할 것인가가 여전히 해결되지 않는 문제로 남는다.

이에 대해서 시민사회에서 토의를 정치 시스템의 결정에 직접적으로 연결시키기 위해서는 이런 식의 토의의 제도화가 아니라 오히려 직접 민주주의의 제도화가 더 필요하다는 주장도 있으며, 최근 독일 등에서는 이런 참여 민주주의론에 대한 관심이 더욱 많아졌다. 앞서 서술한 것처럼 대의제 민주주의라고 하는 전통적인 제도에 대해서, 참여 민주주의와 토의 민주주의는 정치 시스템의 외부에서 입력을 중요시 한다는 점에서 일치하고 있다. 다만, 이 두 가지 가운데 어느 것을 더 중요시 하는가, 그 관계를 어떻게 생각해야 하는가에 대해서 여전히 문제로 남는다.

이것은 정치학적인 큰 문제이므로 여기서 이 문제를 상세하게 다루는 것은 불가능하다. 따라서 간단히 그 방향성에 대해서만 생각해보고자 한다. 시민사회와 정치 시스템을 연결시키기 위해서는 시민사회의 토의 형식만을 문제로 삼아서는 안 된다. 거꾸로 참여를 중시하는 직접 민주제만을 문제 삼고자 해서도 안 된다. 양자의 관계를 더욱 밀접하게 접목할 수 있는 방법을 구현하는 것이 현실적으로 더욱 합리적일 것이다.

참여 민주주의를 구현하는 것으로서 제일 먼저 제도적인 직접 민주제도가 고려될 수 있으며, 일본에서는 시민 입법initiative, 시민 투표referendum 등의 직접 민주제도의 강화가 제창되고 있다. 그러나 시민 투표에 대해서 말하자면 이것이 자칫 권위적 지위에 있는 사람의 결의에 따라서 좌우로 나뉘는 경우, 극단적으로 말하자면 나치 체제와 같이 민주주의와 상반되는 방향으로 전개될 가능성이 있다. 포퓰리즘의 경향이 고조되는 오늘날, 이 부분에는 충분한 주의가 필요하다. 이러한 직접 민주제가 시행되는 경우는 시민에 의한 요구 절차를 간소화하는 동시에 시민 사이의 토의를 중시해야 하며, 이러한 것을 보장하는 원칙과 제도가 만들어지지 않으면 안 된다.

주민 투표, 시민 투표가 정통성을 갖는가, 갖지 못하는가는 그 과정에서 토의 윤리가 잘 지켜지고 보장되고 있는가에 달려 있다. 예를 들어 작은 지역에서 원자력 발전이 문제가 되는 경우, 이것은 누구에게나 중요한 생활 주변의 문제이며, 많은 정보를 얻을 수 있고 지역 안에서 토의의 마당도 많아 누구라도 토의에 참가할 수 있는 기회를 가지고 있기 때문에 주민 투표는 유효한 기능을 하는 경우가 많다. 이와 달리 위정자가 자신의 정책을 통과시키기 위해서 충분한 정보 제공 없이 위에서부터 강행하는 주민 투표는 조작적이며 정통성을 얻지 못한다. 곧 참여의 과정에 토의의 요소를 도입함으로써 두 가지 트랙의 민주주의의 적합한 조화가 요구되는 것이다.

그러면 제2의 회로인 토의 민주주의의 측면으로 다시 돌아가 보자. 아무리 시민사회 안에서 이루어지는 토의 민주주의라고 하여도 정치 시스템에서 결정에 대한 영향력을 미치지 않아도 좋다고 생각할 수는 없다. 하버마스가 종종 시민적 불복종을 강조하는 것은 정치 시스템과 시민사회 사이의 회로가 두절되어 어쩔 수 없는 행위로서 인정하는 경우가 있기 때문이다. 하버마스도 양자 관계는 매우 중요하게 고려했다. 다만, 시민사회 차원에서 바라보면, 직접적인 정책적 영향력만 생각하는 것이 아니라 시민사회 내부의 토의를 활발히 하고 그것을 제도화함으로써 간접적으로 지속적 영향력을 미치는 편이 더 중요하다는 것이다. 하버마스가 말한 것처럼, 정치 시스템에서 결정이 시민사회의 토의에 의해 정통성을 획득하도록 만드는 것이 중요하다. 정치는 정부 이외의 곳에서도 결정이 이루어지는 서브 폴리틱스가 큰 비중을 차지하게 될 것이므로 이런 점의 중요성이 틀림없이 부각되어 나타나게 되는 것이다. 어떤 구체적 압력 관계로서가 아니라, 시민사회 안에서 토의에 따라 얻을 수 있는 문제 해결의 방향성을 쫓아서 정치 시스템이 민감하게 반응하고 정책 결정을 해가는 형식이 정착될 수 있도록 하는 것이 바람직하다. 그렇기 위해서는 지금보다는 훨씬 더 토의가 활발하게 이루어지지 않으면 안 된다. 한편, 시민의 비정치화가 진행되는 추세에서, 이런 형식을 유지하는 것이 상당히 어려운 과제이지만, 그러한 단계에 이를 수 있느냐, 없느냐에 민주주의의 장래가 달려있다고 할 수 있다.

지금까지 설명한 내용을 요약하면, 민주주의에서는 두 가지 회로(트랙)가 있다. 첫 번째 회로가 전통적인 대의 민주주의이라고 한다면 시민사회를 중심으로 한 민중 demos에 의한 참여와 토의의 민주주의는 제2의 회로라고 할 수 있다. 그러나 제2회로와 제1회로, 즉 시민사회와 정치 시스템의 관계에서도 직접적인 것과 간접적인 것이 있다. 전자가 주민 투표 등의 직접 민주제라고 한다면 후자는 여기서 토의 민주주의라고 설명한 것이다. 이 제2의 회로에서도 또 다시 두 개의 회로가 구분된다. 그러나 이 두 가지 회로 가운데 어느 것이 중요한가가 중요한 문제가 아니다. 문제는 제1회로의 민주주의와 제2회의 민주주의와의 관계, 그리고 제2의 회로 안에서의 두 가지 민주주의 사이의 관계이다. 이러한 다층의 민주주의 사이 관계에 관한 문제를 더욱 면밀하게 해명하는 것이 앞으로 정치학의 핵심 과제이다.

국경을 넘어서

지금까지 서술해온 토의와 참여라고 하는 문제는 통치권이 수립된 국가 안에서 볼 수 있는 현상이다. 지금은 글로벌리제이션의 영향 아래 국경을 넘어선 통치 형태인 협치 協治, governance가 주목되고 있고, 실제로 구체적인 형태로 진행되고 있다. 유럽 연합EU은 그 적절한 사례이다.

EU에서 최종의 의사 결정은 원칙적으로 이사회로 불리는 각 가맹국의 관료가 모여 진행한다. 거기서 결정되는 정책은 규칙, 명령, 결정 등 여러 가지 형식으로 발효되는데, 이런 규칙과 명령과 결정은 법적 구속력도 가지고 있다. 이러한 정책을 실시하는 단계에서 효율적으로 집행하기 위하여 이사회의 관리 아래 있는 커미션commission을 지원하려는 목적으로 각종 위원회committee가 설치되어 있다. 위원회는 각국의 대표자(관료나 전문가)에 따라 구성되며 여기에서 결정이나 논의는 각국의 대표자들이 가맹국에 전달한다. 이처럼 위원회에 의거한 자문 제도를 일컬어 위원회 운용론comitology이라고 한다.

위원회는 복잡하게 여러 가지 형태로 구성되어 있지만, 여기서는 각국의 '거래bargain'가 아닌 '논의'에 중점을 두고자 한다. 결정은 단순히 머릿수를 세는 것이 아니라 토의에만 정통성을 획득할 수 있기 때문이다. 일단 정통성을 잃게 되면, 그 결정은 변경되지 않을 수 없다. 위원은 각국의 정책결정 당사자로서 위원회의 논의는 각국의 정책 결정을 유도하고 관리한다는 특징을 가지고 있다. EU의 위원회는 토의 민주주의의 하나로서 그 실험의 장이 되며, 토의 자체가 유효성을 갖는 중요한 사례가 된다.

EU에 대하여 논할 때면 ‘민주주의의 손실론’이라고 하는 주장이 종종 거론된다. 이것은 EU에서는 정책 면에서 많은 산출이 있으나 민중이 그것을 통제할 수 없는 상태에 있음을 지적하는 것이다. 더욱이 유럽 의회를 통제하는 데 영향력을 행사하기 어려운 위원 제도와 위원회 운용론도 이 ‘민주주의의 적자’의 주장의 한 축을 형성한다.

EU는 긴 역사를 가진 각 가맹 국가를 수평적으로 연합한 것이므로 EU에 가입한 유럽이라고 하는 사회적 공간에 맞는 정치 체제가 있어야 하나, 아직 불충분하다. EU는 점차 더욱 공고히 형성되어 가고 있지만, 하나의 정부라고 하는 통치 체제는 아직 존재하지 않는다. 이러한 점에서 대의제 민주주의가 충분히 기능을 하지 못하고 있고, 오히려 각 국가 수장이나 각국의 대표 사이의 토의, 즉 일종의 토의 민주주의 편이 활발한 기능을 하는 경우가 많다. 위원회 운용론comitology은 전통의 시각에서 보자면 분명히 ‘민주주의의 적자’를 초래하는 하나의 요소이겠지만, 시각을 바꾸어 보면, 그것에 바탕을 둔 토의 데모크라시가 현재 EU의 민주주의를 지탱하고 있다고도 할수 있다. 정부(=통치체government)가 아니라 통치 안에서 협치governance가 이루어지고 그것이 바람직한 기능을 하

기 위해서는 반드시 토의deliberation/discursive가 중요한
구실을 맡지 않으면 안 된다.

　EU는 확실히 하나의 통치체로 나아가고 있다. 다만,
지구 수준에서는 그러한 현상이 아직 보이지 않는다. 그
러나 글로벌리제이션의 시대에서는 정부, 기업, NGO 등
의 토의에 따른 통치가 시행되고, 두 국가 혹은 세 국가
사이에 정부 대표자뿐만이 아니라 전문가나 NGO가 개입
된 초국가적 기구도 만들어 가고 있다. 여기서는 말할 것
도 없이 토의가 유일한 결정 수단이며 합의를 끌어내지
못하면 다시 다음 토의 절차로 계속 이어진다. 드라이젝
John S. Dryzek이 말한 것처럼, 이런 토의는 초정부적 활
동을 의미한다.

　요컨대, 서로 다른 주체들 사이에 총괄하는 정부 기관
이 없는 상황에서 통치가 이루어지지 않으면 안 되는 경
우에는 토의 민주주의에서 시작하는 것이 순서이다. 그리
하여 토의의 규칙을 지켜감으로써 어느 정도 일정한 민주
주의가 보장되는 것이다.

종장
시민의 조건

다알Robert A Dahl의 미니 포퓰러스[1]

지금까지 이 책에서는 천 년 전 중세 후기에서 이야기를 시작하여 근대사회의 변용의 형태를 추적하였고, '제2의 근대'라고 하는 귀에 익숙하지 않은 용어를 사용하면서 앞으로 전개될 것이라 생각되는 현상을 찾아서 집중적으로 고찰하였다. 그리고 후반에는 '제2의 근대'의 바탕이 되는 새로운 시민사회와 그것을 매개하는 커뮤니케이션의 모습에 대해서 생각하고, 토의 민주주의와 그 제도화의 필요성을 지적하였다. 이렇게 하여 가는 길은 인간의 존재의 방식이 된다. 시민사회를 지탱하고, 토의 민주주의

---

1) populace는 한 지역의 전 주민을 의미, mini-populace는 한 지역의 일부 주민을 의미.

를 만들어가는 것은 거기에 살고 있는 시민이다. 그러면 시민에게 우리는 무엇을 기대할 수 있는가? 마지막으로 다시 한 번 정치학자 다알의 논의를 통하여, 이 책의 결론을 맺고자 한다.

전후 정치학과 다원적 민주주의의 대표적 학자인 다알이 1970년 전후의 사회 변용과 함께 민중(데모스)의 힘에 주목하게 되고, 그때까지와는 다른 민중의 참가를 강조하게 되었다는 것은 이미 말한 바 있다. 더불어 그는 이전까지 실증적인 행동론에서 규범론으로 옮겨 시민의 권리, 언론의 자유, 적절한 절차due process 등을 강조하게 되었다. 그리고 부와 소득의 더 공평한 분배도 권리로 보아야 한다고 생각하게 되었다.

더 나아가 1980년대에 접어들어 다알은 민주주의에서 협의의 재생을 강조하는 크로스비 등의 학설을 취하였다. 그는 '미니 포퓰러스'라고 하는 시민집회 구상을 발표하고, 그것에 따라 데모크라시의 민주화를 추진하지 않으면 안 된다고 주장하게 되었다. 크로스비는 이미 말한 바와 같이 시민 배심제를 가장 먼저 실험한 사람으로서 토의제 의견조사(DP)의 주창자인 피쉬킨James S. Fishikin에게 많은 영향을 받았다.

다알의 1985년의 미니 포퓰러스라고 하는 구상은 랜덤 샘플링으로 구성한 1천 명 규모의 시민 집회를 열고, 그 당시의 의제(그때 주제는 핵무기 통제)에 대해 의회와는 별도로 시민사회의 마당에서 일정 기간(예를 들면, 1년 동안) 토의를 계속하는 것이다. 그가 1985년에 출간한 저서에서 폴리아키(현실에서 민주주의의 실태)에는 세 단계가 있는데, 정책 엘리트와 민중(데모스) 사이 격차가 커지는 민주주의의 현재 단계를 폴리아키Ⅲ으로 규정하고, 미니 포퓰러스는 이 단계의 민주주의에 필요한 것으로 보았다. 그는 나아가 텔레커뮤니케이션의 활용을 그 단계의 특징으로 인식하고 있다. 곧, 토의 민주주의를 민주주의의 발전 단계와 연관시켜 생각한 것이다. 미니 포퓰러스는 넓게는 연방 차원, 주 차원, 자치체 차원에 광범위하게 존재할 수 있는 것으로서 주제별로 한 가지씩의 미니 포퓰러스가 만들어져야 한다고 한다.

최근에는 1997년의 논문에서 토의제 의견 조사와 컨센서스 회의를 조합한 구상을 발표했다. 국민보건제도에 대해서 우선 전문가가 개혁안을 내면, 랜덤 샘플링에 따라 선발된 600명의 시민이 5일 동안 집중해서 토의하고, 이것과 관련된 회의가 다른 지역에서도 이루어져 여기서 나

온 결과를 바탕으로 대통령이 의회의 대표자와 함께 협의
한다고 하는 구상이다. 다알은 이러한 제도는 대의제 민
주주의를 부정하는 것이 아니라 보완하는 것으로 본다.
토의 민주주의에 대한 첨예한 감수성은 사회적 불평등을
느끼고 신속히 민중의 참가를 강조하게 된 다알이기에 가
능한 것이었다. 이 책에서 전개한 논거와 다알의 이론의
전개를 관련시켜 보면 마지막에 왜 다알을 다시 거론하게
되었는지 이해가 될 것이다.

적합한 시민adequate citizen

토의 민주주의에 이르면, 그 다음은 무엇보다도 시민이
가진 능력에 달려있다. 시민에 대해서 어떻게 기준을 설
정해야만 하는가. 다알은 1992년의 논문에서 '적합한 시
민'의 개념을 밝히고 있다. 이것은 공공선을 인식하고 그
것을 위하여 행동한다는 이미지를 가진 고대의 좋은 시민
이 아니며, 근대적 개인주의 아래에서 각각의 이익을 추
구하고, 그런 이익 추구의 예정 조화에 따라서 공공선이
성립한다고 생각하는 근대의 좋은 시민과도 다르다. 현대
사회의 큰 규모, 문제의 복잡성, 매스컴의 조작성 등을
생각하면 완전한 판단이 가능한 시민을 기대하는 것은 곤

란하며, 그 점에 대해서는 전문가도 마찬가지이다. 따라서 그런 완전성을 추구하는 것이 아니라 '적합한 시민'이라고 하는 기준을 설정해야만 한다.

민주 사회에서는 '적합한 좋은 시민'이 늘어나면 바람직한 것이므로, 완전한 시민이라고 하는 이미지를 상정한다면 시민이라는 존재는 없어져 버린다. 그러한 시민은 경우에 따라서 단속적으로 참여하는 파트타임의 시민이라면 된다. 곧 문제가 발생할 때 정치에 참가하나, 반드시 지속하여 참여하지는 않아도 되고, 참여하더라도 파트타임으로 하면 된다는 것이다.

다알의 이러한 구상은 일견 평범한 것으로 생각되지만, 그것은 그의 전쟁 체험과도 관련되어 있다. 그는 1944년 유럽의 전선에 배치되어 보병소대의 소대장으로 근무하였다. 그는 군대 생활을 하면서 '보통 사람'의 능력에 대한 존경심이 나날이 높아졌다. 그는 자신의 책에서 "보통 사람이 매우 큰 자질을 갖고 있는데 이것이 너무나 개발되지 못하고 있는 것은 아닌가라는 의구심을 가지게 되었다"고 쓰고 있는데, 이는 그의 시민론이 보통 시민의 무한한 가능성에 대한 낙관주의적인 기대가 뒷받침하고 있다는 것을 알려준다. 다알이 말한 폴리아키Ⅲ과 이 책에서 말하는 '제2의 근대'의 민주주의는 무엇보다 이러한 보통의 시민의 능력에 대한 기대가 그 바탕에 흐르고 있다.

이렇듯 현대의 자기실현파 시민이라면 다알이 말한 조건을 충분히 만족시킬 것이다. 문제는 이러한 사회층이 증가하고, 또한 증가하도록 하는 사회적, 지역적 상황을 어떻게 만들어 가는가이다.

에필로그

오랜 기간 역사를 지켜봐온 사람으로서, 현재는 역사의 흐름 속에 어떤 의미로 있는 것일까, 우리들은 지금 어떠한 시대에 살고 있는 것인가에 대해 항상 관심을 갖게 된다. 이런 관심을 갖고 사회를 비판적으로 보는 처지에 서면, 위기는 어디든지 편재해 있다. 그래서 '지금은 전환기다, 위기의 시대다'라고 평가하고 싶은 유혹에 사로잡히곤 한다. 그러나 몇 년 지내고 보면, 그때까지 없던 새로운 위험이 또다시 등장하여 이전에 생각했던 평가에 대해 잊게 된다. 필자는 이 책에서 '근대의 변용'에 대해 설명했다. 지금 이러한 변용이 과연 역사적 변용이라고 할 수 있을까 다시 생각해보게 되는데, 솔직히 말해 확신이 잘 서지 않는다.

그러나 필자가 이 '근대의 변용'에 대해서 생각하게 된 것은 단순한 착상에 따른 것이 아니다. 1973년 제1차 오일쇼크가 터졌을 때 필자는 암 수술로 입원 중이었다. 그때 병실 천장을 올려다보면서 이제 고도성장의 시대는 막을 내리는구나 라는 생각이 들었다. 정치도 기성의 이데올로기나 기성의 이익의 시대에서 목숨과 생활을 중심으로 하는 살아있는 정치의 시대로 바뀌게 되는 것은 아닐까 하는 느낌을 갖게 되었다. 그러고 나서부터 이 문제를 지속적으로 깊이 숙고해왔으므로 이 주제를 그저 쉽게 다루게 된 것은 아니다.

1986년 대학에서 정년퇴직하고 나서 《유럽의 정치》(東京大學出版會)라는 저서를 출간했다. 그 내용 가운데 근대정치의 전개를 둘러싼 쟁점에 대해 다룬 부분이 있다. 그 책에서 다룬 범위는 제2차 세계대전 발발까지인데, 더 나아가서 1970년 전후의 생태학 문제를 일부 언급했다. 이에 대해 지금은 세상을 뜬 친구인 하기하라 요시유키萩原宜之(아시아 비교정치 전공)에게 왜 주제와 직접 관계없는 듯한 생태학에 대해 언급했는가 하는 질문을 받은 적이 있다.

이에 대해 필자는 근대사회의 발전을 다룰 때에는 1970년 전후에 새로운 사회 운동에 따라 제기된 생태학과 같은 문제를 다루지 않으면 근대 발전을 전체적으로 통찰하기 어렵기 때문이라고 답했던 기억이 있다. 저자의 설명이 비록 체계성이라는 점에서는 문제가 있을지 모르지만, 이론적 부분에서 생태학에 관한 문제를 다루는 것이 좋겠다는 판단을 한 것이다. 그 저서의 집필 계획이 시대적 구분이 용이한 제2차 세계대전까지였기 때문에 1970년대까지 연장하여 총체적으로 서술하기는 어려웠다. 그러나 거기서 멈추면 역사의 중요한 흐름을 놓치고 마는 것은 아닌가 하는 불안감이 들어 일부 생태학에 관한 서술을 추가하였던 것이다.

이제까지의 연구는, 제2차 세계대전 이후에 대해서 이론적 연구 자료, 아니면 역사정치학상의 인물의 연구를 통해서만 다루어 왔을 뿐이다. 분명히 제2차 세계대전 후의 안정기에는 과학적 정치학이 괄목할 만한 발전을 이루었다. 그것은 무엇보다 근대사회의 난숙기의 정치를 대상으로 많은 이론적 연구의 모델이 성립되었기 때문이다. 그러한 안정 성장기를 거치는 동안 등장해온 새로운 정치와 사회 형태의 역사적 전망에 대해서 한번 정리해두고 싶었다. 그렇게 함으로써 그간의 연구에 나타난 공백을 조금이라도 메워 봤으면 하는 바람을 가지고 있었다. 이 번 저서는 일반인이 읽기 편하도록 하려는 의도로 출판되었기 때문에, 학문적인 인용은 거의 생략하고 설명을 위주로 했다. 그러나 이 저서는 근대사회의 역사 전개를 지켜봐온 사람의 시각에서 같은 시대에 관한 역사적 고찰의 의미를 담은 책이라고 생각한다.

본문을 읽으면 알게 되겠지만, 최근의 역사적 변용은 근대사회가 산출해낸 물질적 풍요로움 속에서 발생한 것이다. 그렇기에 거기서 나타나는 위험은 구조적인 것이지만 우리들은 이런 위험을 스스로 인식과 행위를 통해 극복해 갈 수 있다는 관점에 서서 저술했다. 이런 입장은 이른바 비관주의적 낙관주의로서 독일의 사회학자 울리히 벡과 공통된다. 물론 구체적 분석에서는 벡과 상이한 점도 적지 않다. 벡은 토의 민주주의와 같은 주제에 대해서는 거의 다루고 있지 않지만, 근본적 역사 인식의 면에서는 그에게 배울 점이 많았다. 아직 현실에서 변화가 충분히 전개되었다고 하기 어렵기 때문에 책에 이론적인 논의가 많을 수밖에 없긴 했지만, 가능한 한 이론적 논의도 현실의 세계와 연관시켜 다루도록 노력했다. 아마도 이제부터 다가올 수십 년 사이에 더 명확히 근대의 변용의 형태가 드러날 것으로 예상된다.

이 책은 작은 책자[新書]의 형태를 취해 일반인들에게 널리 읽히도록 기획했기 때문에 학문적 인용만이 아니라 어려운 표현도 가능한 한 피하려고 신경 썼다. 이 때문에 전문가들에게는 오히려 알기 어렵게 된 부분이 생기게 되었을지도 모르겠지만, 그래도 원어 사용은 최소화하고 그 이외에는 일본어(가타카나)로 표기해 서술하였다. 이 점에 대해서는 비록 제한성이 있지만, 책의 내용 뒤에 장별로 인용 문헌을 실었으므로 그것으로 다소 보완될 수 있기를 바란다.

표현의 문제에서, 일본에서 정착되지 않은 용어를 어떻게 기술할 것인가 하는 매우 곤란한 문제에 부딪혔다. 본문에서 말한 대로 새로운 제도의 표기에 대해서는 정확성을 기하기 위해 원어를 본문에 넣어 표기하고자 했다. 그러나 원어와 일치시킨다고 해도 번역어로는 여러 의미가 있고 게다가 그것이 다양하게 사용되는 경우에는 당황함을 금할 수가 없었다.

예를 들면, 본래의 핵심 주제의 하나인 deliberative democracy의 deliberation에 대해서는 전문가 사이에서도 심의, 협의, 토의, 숙의라고 하여 번역어가 다양해서 통일하는 것이 어렵다. 그 가운데서도 하버마스Habermas의

deliberative politics(협의 또는 토의 정치)라는 개념은 미국의 정치학자가 그것을 차용하여 그렇게 표현한 것이다. (독일어로는 원래 deliberative라든지 deliberation에 해당하는 단어는 없다.) 그런데 미국의 정치학들은 deliberative democracy라는 개념을 활용하면 하버마스에게서 강한 영향을 받았다고 한다. 거꾸로 하버마스의 토의 윤리 discuss ethic라고 하는 개념은 원래 앵글로색슨 사회에서 이전부터 사용되어 온 것이다. 이처럼 양자는 서로 영향을 주고받는 형태로 되어있어 용어의 정확한 사용은 매우 복잡하다.

일본에서도 이 용어는 머지않아 하나로 통일되어야 할 것이고, 그것이 바람직하다. 이 책에서 필자는, 논의를 다 마치고 어떤 합의에 도달한다는 의미가 아니라, 서로 다른 의견을 격렬히 주고받는다는 점을 중시하여, '토의 민주주의'라는 용어를 사용하였다. 그런 점에서 그것은 드라이젝Dryzek의 'discursive democracy'의 의미에 가깝다. 만일 새로운 조어를 사용할 수 있었다면, '투의鬪議 민주주의'라고도 하고 싶었지만, 또 다른 신조어를 제시하면 논의에 혼란을 가져올 것 같아 토의 민주주의로 사용한다는 결론에 도달했다. 이런 고민은 단순히 어떤 단어를 번역

하는 문제가 아니라 그 내용에 직접 연관되는 것이다.

이 책은 2002년 가을, 후센 회관婦選會館에서 열린 2002년도 정치 교실의 연속강의의 원고를 바탕으로 하여 새로 집필한 것이다. 또한, 그에 앞선, '가와사키 시민 아카데미'의 연속 강의와 2003년 봄 '세타가야 시민대학'의 연속 강의 내용도 일부 담겨져 있다. 이 책에서는 광범위한 문제를 압축하여 정리했기 때문에 강의로 전달할 때와 같은 효과를 내기는 어려울 것이다. 그래도 될 수 있는 대로 일반 시민에게 말을 건네는 것과 같은 강연의 내용을 바탕으로 하고 있기 때문에 엄청나게 어려운 수준은 분명 아니다.

후센 회관에서 강연을 듣고 출판을 진행해 주시고, 책의 구성에 대해서 유익한 조언을 해 주신 이와나미 서점의 오다노코메이小田野耕明 씨에게 마음으로부터 감사의 인사를 드린다.

2003년 12월 15일
시노하라 하지메篠原 一

옮긴이의 말

　《시민의 정치학: 토의 민주주의란 무엇인가》는 시노하라 하지메篠原一교수가 2004년 저술하여 이와나미 신서岩波新書로 낸 것을 번역한 것이다. 저자는 민주주의의 발전을 위한 공공 영역의 건전한 운영방안으로서 토의 민주주의에 대한 탐구를 지속해 왔다. 민주주의의 문제는 근대 이후 인류사회의 변화와 갈등의 핵심을 구성한다. 근대사회의 변화라는 맥락에서 민주주의는 고전적 의미의 민주주의를 축으로 하나, 그것과는 확연하게 구별되는 포스트 민주주의의 경로로 나아가고 있다. 한때 자유 민주주의의 절정이 주창되었던 시절을 뒤로 하고, 최근 들어서는 민주주의의 쇠퇴, 약화, 퇴조, 역기능이 관찰되며 그것이 문제로 논의되고 있는 것이다.

이러한 민주주의의 현실을 저자 시노하라 하지메는 근
대의 변용이 진행되는 시기의 특징이라고 보고, 시민사회
와 시민의 역할이라는 관점에서 새로운 현상의 출현을 관
찰한다. 그 가운데 특히 저자가 관심을 가지는 것은 근대
사회의 특징은 무엇이며 어떻게 바뀌었는가, 제2의 근대
가 출현한 것인가, 변용된 근대세계에서 새로운 시민사회
론은 무엇인가, 이 과정에서 시민사회는 어떤 변화를 겪
는가하는 점이다. 이런 질문을 제기하며, 시민사회의 공
간에서 시민의 유형에 대해 논의하고, 토의 민주주의를
위한 시민의 역할을 진단하며 시민의 기여를 위한 실천적
제언을 한다.

민주주의의 문제에 직면하면, 저자는 과거 민주주의의
황금기에 대한 복고주의적 논의를 하는 것이 아니라 민주
주의의 탄력적 전환과 잠재력의 발견을 강조한다. 그 단
초를 그는 시민 중시와 토의 민주주의의 시도에서 찾고
있다. 최근의 한 설득력있는 설명에 따르면, 민주주의의 역
사는 집회assembly 민주주의에서 대의representative 민주주
의를 거쳐 현재는 감시/감청monitoring 민주주의로 옮겨가
고 있다고 한다. 주체로서의 시민과 토의 민주주의의 제
도적 실험을 중요하게 제안하는 것은 민주주의의 이행에

대한 이런 새로운 관점과도 맞닿아 있다.

저자는 현실인 과정의 연관관계에 대한 일정한 상을 제시하기 위해, 일본에서의 과정을 중심으로, 서구 여러 나라의 경험적 사례들을 견주어서 보여준다. 이 책이 담고 있는 이 같은 비교 관점의 통찰은 현재 한국의 민주주의에 대해서도 복합적인 의문을 떠올리게 한다. 한국의 민주주의는 다른 민주주의 국가들과 동일한 조건과 구조적 유사성을 가지고 있으면서, 동시에 자본주의와의 관계나 글로벌리즘의 영향과 지역주의의 역동성의 측면에서는 매우 상이한 지향성과 과제를 안고 있기 때문이다. 한국의 민주주의의 질적 심화와 재구성이라는 시대적 난제를 다룰 때 '시민의 정치'와 '토의 민주주의'가 유일한 해답은 될 수 없을 것이다. 그러나 이 책은 그런 요소들이 한국의 민주주의의 경로를 검토하는 데서도 반드시 고려할만한 매우 의미 있는 대안이라는 점을 시사 하여 관심을 갖게 만든다.

이처럼 저자는 민주주의의 변화과정과 현실적 문제를 고려하면서, 시민과 시민사회를 중시하고, 실행 제도로서 토의 민주주의의 실천을 중요하게 생각한다. 이 같은 저자의 규범적 입장에는 다음과 같은 사고가 깔려있을 것이다.

한 사회의 정의와 권위는 공동체의 수장이나 몇몇 대표가 정할 수 있는 것이 아니다. 사회적 담론의 활성화를 통해 정의와 주요 가치에 대해 사회 안에서 논의가 이루어져야 한다. 서로 의견이 완벽한 일치를 보지는 못하더라도 다른 생각에 귀를 기울이는 노력이 중요하다. 시민들이 공정성, 공공선, 자유, 정의 및 기타 윤리 문제에 대해 논의할 수 있는 기회를 가지는 것이 필요하다. 서로 간의 인식의 접점을 늘려가고, 공감을 얻도록 하여 소통을 확대하고 상호간의 공통점을 발견하면서 합의에 이르도록 하는 노력 그 자체가 의미 있는 것이다. 주요 의제와 사안에 대해 논의하고 논쟁을 벌여가는 과정에서 서로를 존중하게 되고 다른 사람의 의견을 통해 교훈을 얻어가게 되는 것이다. 인간의 존엄, 삶의 질, 정의와 공정성에 기초한 공동체, 즉 배려의 공동체이자 행복의 공동체를 만들어가려는 시도는 이렇게 하여 시작되는 것이다. 이와 같은 책을 이끄는 저자의 판단과 바람은 그 구성과 내용 전개에서 잘 드러난다.

　대의 민주주의에 대한 유력한 대안으로 논의되는 토의 민주주의는 인식론적, 정치적, 도덕적 차원에서 다양한 관점이 존재한다. 그와 동시에 토의 민주주의에 대한 비판과 우려도 크다. 그런데 이는 대부분의 경우 토의 민주주의를 지나치게 협소하게 보는 입장이거나 토의 민주주의의 목적에 대해 오해 또는 일부의 측면을 확대해석하는 데 근거하고 있다. 저자가 강조하듯이, 토의 민주주의에 대한 쟁점의 이론적, 경험적 해결방안의 한 가지는 토의 민주주의를 실천하는 길일 것이다. 토의 민주주의의 이념이 실천된다면 대의 민주주의 아래에서 강력한 이익집단이 공동선의 이름으로 특수이익을 강제하는 기제의 허구성이 드러날 것이기 때문이다.

　토의 민주주의의 이념에 기초한 정치는 기존 대의 민주주의 아래에서의 선호와 편견을 강화하는 대신, 토의식 투표와 합리적 논의를 거쳐 정책의 민주적 정당성을 높일 것이다. 예를 들어, 여러 소수자 집단들에게도 발언 기회를 주어 개인의 민주적 권리를 향상시키고 민주주의의 진정한 가치를 회복할 수 있을 것이다. 그런데 이 같은 민주주의의 질적 신장을 위해서는 오늘의 현실정치를 토의 민주주의로 유도하는 방법, 토의기구를 통해 정책 결정을

수행하는 방안, 모든 시민이 직접 정치적 의사결정에 참
여하게 할 수 있는 제도가 중요하다. 《시민의 정치학 :
토의 민주주의란 무엇인가》에서 시노하라 하지메 교수는
토의 민주주의를 위한 시민의 덕목과, 토의 민주주의의
실천 방법, 방안, 제도에 대한 유용한 구상도 논리적으로
설명한다.

이 책은 역사와 현상의 차원과 이론과 실천의 차원을
정교하게 서로 교차시켜, 민주주의와 시민사회의 관계라
는 큰 주제에 관해 한편의 짜임새 있는 스토리를 완성했
다. 번역을 하면서 민주주의, 시민사회, 토의 민주주의,
일본정치사회 등의 주제가 생소한 독자들도 편하게 읽을
수 있도록 많은 주의를 기울였으나 아마도 용어상의 실수
나 문장상의 매끄럽지 못한 점이 분명 있을 것이다. 그것
은 전적으로 역자의 역량의 부족함 때문일텐데, 그 점이
《시민의 정치학 : 토의 민주주의란 무엇인가》의 학문적,
실천적 가치를 해치지 않기만을 바란다.

이 책의 번역과 출판은 진덕규 교수님의 배려와 도움
에 크게 힘입었다. 책이 처음 출판되자 곧 그 내용의 가

치를 아시고 일독을 권하셨고, 한국어 번역을 출판할 수 있도록 기회를 마련하여 주셨다. 자상하게 이끌어주심에 미치지 못한 미흡한 결과에 대해 송구한 마음과 함께, 무엇에 견줄 수 없는 교수님의 학은에 무한한 감사를 드린다. 또한 이 번역서의 출판을 흔쾌히 수락하시고 빠르게 진행되도록 해주심은 물론, 수준 있는 글이 되도록 원고를 세심하게 교정하여 주신 지식산업사의 김경희 사장님께도 깊이 감사드린다. 끝으로, 아티클 리뷰 세미나(ARS)에서 이 책을 함께 읽으며 초역을 하고 논의하는 과정에 참여한 박명희박사와 박사과정의 오승희와 석주희에게도 신선한 지적 자극을 공유할 수 있었던 점에 대해 고마움을 전한다.

2013년 봄

최 은 봉

주요 인용문헌

서장

中沢新一, 《愛と経済のロゴス》, 講談社選書メチエ, 2003.

広井良典, 《定常型社会―新しい〈豊かさ〉の構想》, 岩波新書, 2001.

Carleheden M. and Jacobsen M. H. eds., *Transformation of Modernity*, Ashgate, 2001.

Wagner P., *A Socioligy of Modernity*, Routledge, 1994.

제1장

今村仁司, 《近代性の構造》, 講談社選書メチエ, 1994 〔이수정 역, 《근대성의 구조》, 민음사, 1999.〕

篠原一, 〈もう一つの歴史政治学―メイヤーの歴史政治経済学について〉, 《成蹊大学文学部紀要》26, 1990.

篠原一 他, 〈市民社会の"誕生"―雑誌《市民》を中心に〉, 篠原一, 和田あき子遍 《高度成長の光と影―政治と文学の窓をとうして》, かわさき市民アカデミー出版部/シーエーピー出版, 2002.

阿部謹 他, 〈ヨーロッパ・原点への派―時間・空間・モノ―〉, 《社会史研究》I, 1982.

阿部謹 也, 《物語ドイツの歴史》, 中央新書, 1998.

野家啓一, 〈科学の変貌と再定義〉, 《問われる科学/技術》(岩波講座 科学/技術と人間 1), 岩波新書, 1999.

桜井哲夫, 《フーコー知と権力》, 講談社, 1996.

真木悠介, 《時間の比較社会学》, 岩波書店, 1991.

Beck, Ulrich, Giddens, Anthony, Lash, Scott., *Reflexive Modernization: Politics, Tradition and Aesthetics in the Modern Social Order*, Stanford University Press, 1994. 〔松尾精文他訳, 《再帰的近代化》, 而立書房, 1997. (임현진 역, 《성찰적 근대화》, 한울, 2010.)〕

Carson, Rachel., *Silent spring*, Boston: Houghton, 1962. 〔青樹築一訳, 《沈黙の春》, 新潮文庫, 1974. (김은령 역. 《침묵의 봄》. 에코리브르, 2002.)〕

Colborn, Theo, Myers, John Peterson, Dumanoski, Dianne., *Our Stolen Future: Are We Threatening Our Fertility, Intelligence, and Survival?-A Scientific Detective Story*, Plume, 1997. 〔長尾力他訳, 《奪われし未来》, 翔泳社: 増補改訂版版, 2001. (권복규 역, 《도둑맞은 미래》, 사이언스북스, 1997.)〕

Giddens, Anthony., *The Consequences of Modernity*, Stanford University Press, 1990. 〔松尾精文他訳, 《近代とはいかなる時代か》, 而立書房, 1993. (이윤희 역, 《포스트모더니티》, 민영사, 1991.)〕

Inglehart, Ronald., *Silent Revolution: Changing Values and Political Styles Among Western Publics*, Princeton

University Press, 1977. 〔三宅 一郎訳, 《静かなる革命》, 東洋経済
新報社, 1978.〕

Kriesi, H. et al., *New Social Movements in Western Europe: A Comparative Analysis*, UCL Press, 1995.

Mauss, Marce., *Essai sur le don: forme et raison de l'echange dans les societes archaieques*, 2008. 〔류정아 역, 《증여론》, 지만지, 2008.〕

Meadows, Donella H. et al., *The Limits to Growth*, 1972. *The Limits to Growth: The 30-Year Update*, Chelsea Green Publishing Company, 2004.

Meyer, D. S. and Tarrow, S. eds., *The Social Movement Society*, Romman & Littlefield Publishers, 1998.

Rucht, D., "Sozial Bewegungen als Signum demokratischer Bürgergesellschaft" Leggewie C. und Münch R. Hrsg., *Politik im 21. Jahrhundert*. Suhrkamp, 2001.

제2장

西川長夫他 編, 《多文化主義・多言語主義の現在》, 人文書院, 1998.

篠原一 編, 《ライブリー・ポリティクス》, 総合労働研究所, 1985.

小沢修司, 〈アンチ"福祉国家"の租税＝社会保障政策論〉, 《社会福祉研究》第一号, 2000.

遠藤誠治, 《グローバリゼーションとは何か》, かわさき市民アカデミ出版部/シー

エーピー出版, 2003.

長坂寿久, 《オランダモデル》, 日本経済新聞社, 2000.

Beck, U. Hrsg., *Die Yukunft von Arbeit und Demokratie*, Suhrkamp, 2000.

Beck, Ulrich., *Risk Society: Towards a New Modernity*, Sage Publications Ltd, 1992. 〔《危險社會》. 法政大學校出版会, 1998.〕

Beck, Ulrich., *Was ist Globalisierung?*, Suhrkamp, 1998. 〔조만영 역, 《지구화의 길》, 거름, 2000.〕

Beck, Ulrich., *Schöne neue Arbeitswelt*, Campus, 1999.

Fitypatrick, T., *Freedom and Security*, MacMillan, 1999.

Hirst, P., *Associative Democracy*, Polity, 1994.

Hirst, P., *From Statism to Pluralism*, UCL Press, 1997.

Kymlicka, Will., *Multicultural Citizenship: A Liberal Theory of Minority Rights*, Oxford University Press, 1996. 〔角田猛之 訳, 《多文化時代の市民權》, 晃洋書房, 1998. (황민혁 외 역, 《다문화주의 시민권》, 동명사, 2010.)〕

Melucci, A., *Nomads of the Present: Social Movements and Individual Needs in Contemporary Society*, Temple University Press, 1981. 〔アルベルト.メルッチ・山之内靖 訳, 《現在に生きる遊牧民(ノマド)-新しい公共空間の創出に向けて》, 岩波書店, 1997.〕

Merkel, W., "The Third Ways of Social Democracy", Giddens A. ed., *The Global Third Way Debate*, Polity, 2001.

제3장

今井弘道 編, 《新·市民社会論》, 風行社, 2001.

渡辺浩, 〈"おほやけ" "わたくし"の語義〉, 《公と私の思想史》, 東京大学出版
　　会, 2001.

森政稔, 〈市民社会のリニューアルの理論敵諸問題〉, 《社会科学紀要》, 1997.

石田雄·姜尚中, 《丸山眞男と市民社会》, 世織書房, 1997.

千石好郎, 《〈近代〉との対決》, 法律文化社, 2001.

Blakeley, G. and Bryson V. eds., *Contemporary Political Concepts*,
　　Pluto Press, 2002.

Dryzek, J. S., *Deliberative Democracy and Beyond*, Oxford, 2000.

Habermas, Jurgen., *Der Philosophische Diskurs Der Moderne*,
　　Frankfurt am Main : Suhrkamp, 1986. 〔三島憲一, 《近代の哲
　　学的ディスクルス》I·II, 岩波書店, 1990. (이진우 역, 《현대성의 철
　　학적 담론》, 문예출판사, 1994.)〕

Habermas, Jurgen. ·細谷貞雄 訳, 《公共性の構造転換》, 未来社, 1994.〔한
　　승완 역, 《공론장의 구조변동: 부르주아사회의 한 범주에 관한
　　연구》, 나남, 2001.〕

Habermas, Jurgen. ·河上倫逸 訳, 2002~2003, 《事実性と妥当性》上下,
　　未来社.〔한상진 외 역, 《사실성과 타당성: 담론적 법이론과 민
　　주적 법치국가 이론》, 나남, 2007.〕

Habermas, Jurgen. ·丸山高司 訳, 《コミュニケイション的行為の理論》, 上
　　中下, 未来社, 1985~1987.

Kocka, Jurgen. ·松葉正文, 山井敏章 訳, 〈歴史的問題および約束としての市

民社会〉, 《思想》, 2003.

Putnam, Robert D. ed., *Democracies in Flux*, Oxford, 2002.

Putnam, Robert D. · 河田 潤一 訳, 《哲学する民主主義》, NTT出版, 2001.

Scheyli, M., *Politische öffentlichkeit und deliberative Demokratie anch Habermas*, Nomos, 2000.

제4장

古矢旬, 《アメリカニズム》, 東京大学出版会, 2002.

小熊英二 · 上野陽子, 《〈癒し〉のナショナリズム》, 慶應義塾大学出版会, 2003.

日本政治学会, 《三つのデモクラシー》日本政治学会年報, 岩波書店, 2002.

香山リカ, 《ぷちナショナリズム症候群》, 中公新書ラクレ, 2002.

Taggert, P., *Populism*, Open University Press, 2000.

제5장

久保はるか, 〈科学技術をめぐる専門家と一般市民フォーラム〉, 《季刊行政管理研究》96, 2001.

山内健生, 〈ドイツにおける新たな市民参加の手法をめぐる論議について〉, 《自治研究》74(6), 1998.

Arendt, Hannah., *The Human Condition*, University of Chicago Press, 2002. 〔志水速雄訳, 《人間の条件》, 筑摩書房, 1994. (이진우 외 역, 《인간의 조건》, 한길사, 1996.)〕

Coote, A. and Lenaghan J. eds., *Citizens' Juries*, Institute of IPPR, 1997.

Eriksen, E.D., "The European Union's Democratic Deficit", Seward M. ed. *Democratic Innovation*. Routledge, 2000.

Feinett, P. H. et al., *Konfliktregelung in der offenen Bürgergesellschaft*, Röll, 1996.

Fishkin, J.S., *The Voice of the People*, Yale, 1997.

Fishkin, J.S. and Laslett P. eds., *Debating Deliberative Democracy*, Blackwell, 2003.

Kitschert, H., *The Transformation of European Social Democracy*, Cambridge, 1994.

Smith, G., *Deliberative Democracy and Environment*, Routledge, 2003.

종장

岡田憲治, 《権利としてのデモクラシー》, 勁草書房, 2000.

Dahl, R. A., *Democracy and its Critics*, Yale, 1989.

Dahl, R. A., "A Brief Intellectual Autography" H. Daalder ed. *Comparative European Politics*, Printer, 1997.

Dahl, R. A., *Toward Democracy: Journey I · II*, Institute of Government Studies Press, 1997.

찾아보기